Querido Pier Paolo

DACIA MARAINI

Querido Pier Paolo

Traducción de
Helena Lozano Miralles

Galaxia Gutenberg

Título de la edición original: *Caro Pier Paolo*
Traducción del italiano: Helena Lozano Miralles

Publicado por
Galaxia Gutenberg, S.L.
Av. Diagonal, 361, 2.º 1.ª
08037-Barcelona
info@galaxiagutenberg.com
www.galaxiagutenberg.com

Primera edición: junio de 2022

Preimpresión: Maria Garcia
Impresión y encuadernación: Sagrafic
Depósito legal: B 8408-2022
ISBN: 978-84-19075-64-2

Querido Pier Paolo:

esta noche he soñado contigo. Tenías tu sonrisa dulce de siempre y me decías:

–¡Estoy aquí! –Entonces te quitabas una especie de chaleco color malva y añadías–: Hace calor.

Iba a abrazarte, feliz de volver a verte, pero has desaparecido. En el suelo ha quedado tu chaleco color magenta. He ido a recogerlo, pero también él había desaparecido. En su lugar he visto una salamanquesa asustada que corría hacia la pared.

Es tan extraño que después de todos estos años, en el sueño, siga encontrando la manera de recordarte y de verte. Sigues siendo el joven de cincuenta años que frecuenté en los años sesenta y setenta: cuerpo ágil, deportivo; cara seria, no adusta, sino pensativa; mirada soñadora; paso decidido y siempre a punto de echar a correr.

También esta noche estabas de pie, listo para salir disparado, y tenías una mirada dócil, interrogante. La mirada que me resultaba familiar y que yo amaba. Es curioso cómo las amistades, a veces, germinan con las miradas. Cuántas cosas contienen esas dos pupilas dispuestas a engullir el tiempo. Y es que ahora vives solo en mis ojos internos y te mueves dentro del extraordinario espacio que la mirada de los ojos cerrados abarca.

Muchas veces te esfumabas mientras estabas vivo, cuando caminábamos juntos, o mientras comíamos en un figón africano. Tenías esa capacidad de zafarte de la compañía, sobre todo cuando era demasiado numerosa.

–¿Dónde está Pier Paolo? Si estaba aquí hace un momento.

Entonces nos poníamos a buscarte. Y de repente, al cabo de unos minutos, aparecías, contento aunque cansado, y volvías a comiscar distraídamente en tu plato, o a beber esa leche que te habían recetado después de la crisis de úlcera, en lugar del vino.

Cuántos vasos de leche te he visto beberte a sorbitos. No sé si te gustaba la leche. Hacías un pequeño gesto cuando apoyabas el vaso y a menudo se te quedaban dos bigotitos blancos en la comisura de los labios. Te habían prohibido las salsas, los fritos, las especias, las bebidas alcohólicas y tú te avenías con una paciencia que en otros campos no tenías.

Tu madre, con esmero, te cocinaba el pescado hervido, la carne a la plancha, las verduras al vapor. Y si estaba cansada, lo hacía Graziella, la generosa y guardadora joven prima que preparaba con amor las comidas apropiadas para tu estómago recalcitrante.

Cuando pusimos casa juntos en Sabaudia, solía ser yo la que cocinaba para nuestras cenas. Venías a nuestra casa de buena gana, recorriendo la larga terraza que teníamos en común. Alberto elegía el pescado a primera hora de la tarde, tras una mañana de escritura, y yo lo echaba a la cazuela. Intentaba que te resultara un poco sabroso, con comino, con limón exprimido, pero tú no te quejabas nunca. A mí me gustaba cocinar y a ti, sentarte a la mesa con nosotros.

Hablabas poco, siempre has sido de pocas palabras, pero tus silencios no eran esquivos, eran una manera toda tuya de concentrarte en un pensamiento común que se expresaba en una afectuosidad compartida. Para compensar, te gustaba que Alberto hablara también por ti. Te gustaba escucharlo cuando contaba sus peripecias literarias o de vida. Alberto era un extraordinario narrador de historias y estábamos todos pendientes de sus labios cuando embocaba la senda de los bosques narrativos.

En un determinado momento de la velada, desaparecías. Pero cuando no estábamos de viaje, no nos preocupábamos. Sabíamos que arrancabas tu veloz automóvil e ibas en busca de ese chiquillo que fuiste y que te rehuía desde siempre.

Querido Pier Paolo:

a menudo me preguntan cómo y dónde te vi por primera vez. Pero me cuesta recordarlo. Me juego lo que quieras que no sabrías decirlo tampoco tú. Muchos no se dan cuenta de que, en los años sesenta y setenta del siglo pasado, no era necesario quedar entre intelectuales y artistas para estar un poco juntos: nos veíamos en Rosati, en la Piazza del Popolo, o en el restaurante La campana, o en Gigetto, en el Portico d'Ottavia, en fin, en alguna *trattoria* barata, por pura alegría de verse y contarse.

No recuerdo un día concreto en el que alguien me plantara ante ti diciendo: mira, esta es la jovencita Maraini, la hija de Fosco, el famoso etnólogo, la chiquilla enamorada de los libros y de los escritores, que te quiere conocer. No funcionaba así. Quienquiera que tuviera ganas, iba hacia las doce de la mañana o hacia las siete de la tarde al bar popular de la Piazza del Popolo y allí podía encontrar a Federico Fellini, a Alberto Moravia, a Alfonso Gatto, a Elsa Morante, a Cesare Garboli, a Natalia Ginzburg, a Bernardo Bertolucci y también, naturalmente, a ti, requeteguapo, aunque pequeño de estatura y siempre silencioso y severo en esa mirada dulce y desesperada que dirigías al mundo. Nos veíamos por el puro placer de estar juntos y hablarnos, sin objeto alguno.

Hoy, como sabes y como previste cual profeta sutil que eres, nos vemos solo con una finalidad: un congreso, un *meeting*, como se dice ahora o, si no, en las ferias del libro o, aún peor, en la televisión. Siempre, de todas maneras, con una finalidad pública o social mientras que entonces quedábamos sin ningún programa preestablecido, por el alborozo de verse e intercambiar ideas. Es distinto, ¿verdad?

Tú mismo, en las poesías y en los *Escritos corsarios*, contaste muchas veces los encuentros con tus amigos, pero también con los enemigos, en las *trattorias* romanas donde se creaban alianzas, se reconocían afinidades, se combatían ideas distintas pero, sobre todo, se fortalecían solidaridades entre personas que se consideraban artesanos y se esforzaban por sobrevivir en un mundo mercantilizado y nivelado, personas que chocaban cotidianamente con la censura.

Bien lo sabes tú, que te pusieron más de ochenta denuncias. Todas ellas violentas, injustas, persecutorias. Acusado de obscenidades, de ofensa a la religión, de perversión, de corrupción de menores. A mí también me pusieron varias, por obscenidades, por ofensa a la religión, una vez por haber dicho que Bagheria era una ciudad mafiosa. Salimos absueltos siempre, pero cuántos engorros y cuántos gastos de abogados, de papeles, o causados por las suspensiones que se sucedían una y otra vez. ¿Te acuerdas de aquella vez que salimos los dos en la portada de *Il Borghese* con el titular en mayúsculas de «Escritores Pornógrafos»? A esas alturas ya no era censura de Estado sino de todo un país, o por lo menos de esa parte, la más hipócrita y agresiva, que la tenía tomada contigo y con tu maravilloso arte de la provocación.

Me viene a la cabeza otra ocasión en la que te atacaron brutalmente. Era el año 68 y estábamos en Zafferana Etnea, como jurado del premio Zafferana –organizado por Vanni Roncisvalle–, Leonardo Sciascia, Vincenzo Consolo, Alberto, tú y yo, ¿te acuerdas? Uno de los premiados, aquel año, era Ezra Pound. Un gran poeta, aunque comprometido con el nazismo, cuya teoría de las razas había cantado aciagamente. Luego se arrepintió y como castigo se condenó al silencio.

Te acordarás de que no hablaba y cuando quería hacer saber algo se dirigía a su mujer (o era su compañera, no recuerdo), que amablemente expresaba con palabras lo que él pensaba. Había un maravilloso entendimiento entre él y ella, pero también había algo afectado y teatral en esa división de los papeles.

A Pound lo premiamos por sus poesías que, aparte de las delirantes vinculadas al período nazi, son bellísimas. Él vino a recoger el premio, pero no quiso ni comentar ni dar las gracias. Habló en su lugar, con gracia y elegancia, su compañera. Un hombrecito enjuto, amable, serio, con los ojos alucinados, que se volvían dulces cuando se dirigían a la mujer que estaba a su lado; tenía una barbita resabiada y el pelo blanco que tendía a revolotear en todas las direcciones.

Creo que, de todas maneras, se sentiría a disgusto por el uso de su nombre que hacen los fascistas de hoy día. Era un hombre de gran cultura y, aun con retraso, entendió adónde iba la historia.

Pues bien, ¿te acuerdas?, durante la premiación llegaron unos jovencitos de Catania que empezaron a alborotar, insultándonos a todos nosotros. Tiraron a la mesa del jurado apio empapado que nos salpicó la cara y las manos y también unos hinojos. Ninguno de nosotros entendió qué querían. Al principio pensamos que la tenían tomada con Pound y con su pasado nazi. Pero luego vimos que se metían sobre todo contigo. Como era habitual, atraías la rabia y la ira de los biempensantes, incluso la de los jóvenes revolucionarios del 68.

Fue desagradable, aunque luego nos riéramos. Pound no parecía impresionado. Estaba parado, rígido y callado, como si su espíritu hubiera salido de su cuerpo dejándolo vaciado. Nosotros intentábamos entender qué es lo que indignaba tanto a aquellos chicos en un premio que, entre los que íbamos a galardonar, tenía libros de Vincenzo Consolo, Giuseppe Bonaviri, Raffaele Nigro, Stefano D'Arrigo, Mario Grasso. Todavía hoy no sé contra qué protestaban: alguien dice que eran jóvenes fascistas, otros que eran contestatarios de izquierdas. Nunca se llegó a saber.

Querido Pier Paolo:

es curioso que tu presencia en mis sueños sea la llave de paso de un río de recuerdos y de pensamientos que no tienen ganas de ponerse en fila y formar un cuadro ordenado y fijo, sino que se desparraman por todas partes. No sé si son tus apariciones en mis sueños las que dan esta huella vaga y nebulosa a mis pensamientos o si la idea de escribir esta memoria me lleva a hacer líquidos y fluidos los pensamientos.

Cuando Roberto Cotroneo me pidió un libro de memorias sobre ti, le dije inmediatamente que no. Ya se ha escrito mucho sobre tus libros, sobre tu persona, Pier Paolo, y además no quería abrir la preciosa caja secreta de nuestros recuerdos en común, por el miedo de verlos desvanecerse, pero también por el pudor de exponerlos al público. Pero, cuando por enésima vez viniste a verme en un sueño inesperado y no conseguí dirigirte una palabra por tu súbito desvanecerte, me dije: quizá pueda hablarle por fin sin el ansia de la fuga. Podré adentrarme en ese misterioso sendero en medio de los bosques de los recuerdos que tantas veces he empezado a trazar, y del que siempre me he echado atrás, al final, asustada por la fuerza de esos lugares recónditos e inaccesibles que Jung llama «nuestra interioridad».

Todo empezó casi un año después de tu muerte.

Una noche oí el sonido de los tacones de tus botas de gaucho en el tejado de mi casa de Roma. Eran las mismas pisadas que percibía en la casa de Sabaudia, cuando caminabas de un lado a otro de tu estudio, que estaba encima del rincón de la salita de estar donde yo escribía, cara al mar. Siempre he necesitado una ventana abierta en la que hundir la mirada en los momentos de pausa de la escritura, aunque lo ideal para escribir sea recibir la luz por detrás y no de frente, porque te ciega. Para mí, en cambio, es importante sentir un espacio libre ante mis pensamientos. Una pared me paralizaría.

Tus pasos me decían que habías vuelto de una noche de aventuras y me quedaba tranquila. Alberto y yo nos levantábamos temprano. Tú, cuando no estabas obligado por los horarios del cine, solías trasnochar y por la mañana dormías.

La noche en la que oí tus tacones en el tejado de mi casa romana, me levanté, abrí la puerta ventana que da a la pequeña terraza, me encaramé por la empinada escalerita de hierro que sube hasta la azotea del edificio y allí, bajo una luna no llena pero luminosa y cómplice, te vi paseando de un lado a otro.

Estaba tan sorprendida de verte que no pude despegar los labios. Te miré como se mira a un fenómeno –en términos religiosos se diría un milagro– y fui feliz cuando sacaste una voz humana y me dijiste:

–Lo sabes, Dacia, quiero volver a trabajar. Tengo en la mente un espléndido argumento para una película. Pero estos no quieren darse por enterados.

–¿Estos quiénes? –pregunté, y tú me indicaste un grupo de sombras que estaba a un lado.

Las sombras se adelantaron y aparecieron cuerpos de personas que conocía: Gino, Mariuccio, Faustino, tus técnicos habituales, que te seguían a todas partes.

–Intenta convencerles también tú –seguiste, y yo, empujada por tus palabras vivas, me disponía a persuadirles, cuando uno de ellos se me anticipó declarando con cierto vigor–: Pero es que no puede trabajar, Dacia, dile que está muerto y que no puede trabajar.

Yo, sin embargo, no quería ofenderte revelándote una verdad que evidentemente ignorabas y te miraba con perplejidad intentando ganar tiempo. ¿Qué debía hacer?

Pero tú, como si adivinaras mis pensamientos, te me adelantaste:

–Ya sé que estoy muerto, esta muerte me ha hecho perder años de trabajo, pero ahora vuelvo a la vida y quiero volver a rodar películas.

Veía que los técnicos se consultaban entre ellos, rezongaban y parecían reacios, nada propensos a darte crédito. Yo me sentía muy tensa entre el disgusto de tener que recordarte que estabas muerto y la alegría de volver a verte vivo. Estabas tan seguro de ti mismo, Pier Paolo, que me convencías de tus razones.

Pero justo cuando iba a replicar con energía a los titubeos de Mario, Giorgio y Faustino, una nube gris cubrió la luna y tú desapareciste, y desaparecieron también los técnicos, y yo me desperté sin aliento y jadeante.

Y mira: como una pelota que rebota en la pared de frente y vuelve hacia atrás con un salto alegre, me ha vuelto a la memoria un recuerdo preciso de un alba en la ciudad de Jartum. ¿Qué mes era? Quizá enero. Un mes seco, en el que los arroyos en África se retiran y la tierra se vuelve seca y roja. Recuerdo que aquella mañana de un enero caliente y abrasador fui a despertarte a las cinco porque el Land Rover nos estaba esperando para llevarnos a setenta kilómetros de distancia. Tú abriste la puerta con la cara rendida por el poco sueño y yo me sentí culpable, aunque hubieras sido tú quien había decidido salir pronto para no sufrir el calor.

Detrás de tu cara desacomodada por el despertar, estaba la habitación oscura, que olía a tu cuerpo. Conocía bien ese olor: me confirmaba que eras tú con todo tu ser y con tu secreta vida nocturna los que se asomaban a aquella puerta.

Era un olor a boca amarga pero también a jabón de violeta y a un *after shave* con aroma de tabaco. Tú no fumabas, pero esa ligera nota de tabaco te gustaba y a menudo te lo percibía encima. El tabaco fresco, recién picado y secado al sol tiene una esencia sutil, dulce y amarga al mismo tiempo, vagamente acre que te hace pensar en prados requemados y barridos por un viento tropical.

Te había despertado bruscamente y te alejaba de aquella oscuridad tranquilizadora. Aquella vez me pregunté si, en el fondo de tus deseos, no estaría el de regresar a la confortante oscuridad del vientre de tu madre para acurrucarte, como hacías algunas veces presa de los dolores de la úlcera, y buscar la paz del cuerpo.

Pero no protestaste. Ni siquiera torciste el gesto como habría hecho cualquier otra persona a la que molesten en su sueño restaurador. Eras tan dócil, Pier Paolo, tan sumiso, que cada vez me dejabas sin palabras. Nunca te oí pronunciar una palabra rabiosa, o te vi hacer un gesto de enojo.

Ni que decir tiene que la gente tenía de ti una idea distinta. La mayoría te veía como un hombre rencoroso, rígido, feroz en tus indignaciones y en tus cóleras ideológicas. Y en parte era verdad. Pero solo cuando escribías o tomabas la palabra en un discurso público. Tú querías provocar y se te daba muy bien suscitar cóleras, irritaciones y reacciones rabiosas. Estabas contento cuando conseguías provocar furias viscerales y urgentes deseos de venganza. Creo que esa rabia social tuya era la responsable del odio que levantabas. Y, aun así, en tu relación con tus amigos, en tu vida privada, eras el hombre más paciente, dócil, manso, que yo haya conocido jamás.

También aquella vez en Jartum, al abrir la puerta y asomarte con el rostro arrugado por el sueño, mientras me asaltaba el olor a violeta, a tabaco y a boca amarga, me sonreíste tiernamente y me dijiste con tu voz suave de siempre y el acento friulano que nunca te abandonó:

–Sí, ahora voy, Dacia.

Luego aguardaste, con infinita paciencia, a que me alejara, para no cerrar demasiado rápida y bruscamente la puerta a mis espaldas. Ya, eran esos gestos solícitos los que me llenaban de ternura y hacían que creciera mi afecto por ti. Tu delicadeza y gentileza de espíritu me conmovían.

Aquella noche que desapareciste de mi terraza romana después de haber insistido con tus colaboradores para retomar tu cine, me di cuenta de que por el suelo de baldosines azulados corría una salamanquesa. Era la misma salamanquesa que había descubierto cuando te vi en sueños la vez anterior y dejaste en el suelo tu chaleco color magenta. Son las salamanquesas que viven entre mis plantas y se esconden en cuanto me acerco, como haces tú en mis sueños.

Ese animalito me ha hecho recordar un bellísimo cuento que está en la *Mariposa de Dinard*, en la que Eugenio Montale escribe de un pequeño ser que corre por las paredes, que entra en su habitación, a quien habla como si fuera su padre. Para serte sincera, Pier Paolo, no sé si el cuento lo escribió de verdad Montale o si he sido yo la que me he imaginado que lo escribió, pero no he querido comprobarlo porque me gustaba la idea de que él hablara con su padre encarnado en una salamanquesa.

Tú sabes que he sacado unos pequeños textos teatrales de los cuentos de Montale y en uno de ellos él refiere de un viaje por Francia, y de una noche en la que él y su mujer se encontraron con un murciélago en su habitación. El gran Eugenio, con gestos de caballero en guerra, se puso a ahuyentar al animal braceando y empuñando la toalla como si esgrimiera una espada. Pero todos los intentos fracasaron. Entonces, habiendo claudicado, se decidió a llamar al portero de noche. Lo que pasó es que cuando consiguió localizarlo por teléfono después de largas esperas, el hombre no se acordaba ya de cómo se llamaba el murciélago en francés. Y aquí el diálogo entre el portero medio dormido y el poeta caballero se vuelve cómico en su imposibilidad de comunicarse.

¿Cómo se dice murciélago en francés? Montale lo recuerda solo tras una noche insomne, cuando el pequeño ratón alado por fin se ha ido por la ventana: «Se llama *chauve-souris*» dice con un suspiro de alivio, como sucede cuando olvidamos una palabra y esta vuelve maliciosamente cuando ya no nos sirve.

Pues bien, la pequeña cadena de los signos simbólicos nos ha vuelto a vincular la noche al día. Una salamanquesa, un murciélago, una mosca, un león, la memoria está hecha de asonancias y remisiones.

El león tiene que ver con aquella vez que, en el set de *Las mil y una noches*, el protagonista del relato tenía que caminar junto a una magnífica fiera con una densa melena. Ninetto Davoli, que ama jugar y pensaba poderlo hacer también con el león alquilado, sintió, cuando menos se lo esperaba, que el león se le echaba encima, se aferraba a sus hombros, y hundía sus garras en su cuello. ¿Te acuerdas del miedo de aquel momento? Parecía de verdad que el león iba a darle una dentellada al pobre Ninetto.

El miedo paralizó a los que asistían a la escena, aunque la cámara siguió rodando automáticamente. Los técnicos, asustados, no sabían si intervenir o no. ¿Pero dónde estará el domador, el propietario de la fiera? Cuando por fin llegó, explicó que el león no quería hacer ningún daño, solo quería seguir jugando al juego que había empezado Ninetto, pero a su manera, sin tener en cuenta las zarpas que tenía.

Tú nunca tuviste animales, Pier Paolo, aunque te atraían y fascinaban. El hecho es que un gato, un perro, incluso un hámster en una jaula, necesitan cuidados y tú, ¿cómo habrías podido conciliar tu vida de viajero y de vagabundo nocturno con el cuidado de un animal doméstico? Aun así, despertaban tu ternura. Recuerdo cómo te inclinabas a acariciar a mi pequeño chucho *Mulino* y cómo te divertías cuando, después de correr en círculo, se tiraba al suelo con aire rendido y jocoso.

Querido Pier Paolo:

la historia de las salamanquesas me ha recordado a nuestra Piera degli Esposti. Estos días desgraciadamente está en el hospital. La tisis que tuvo de niña y que la ha obligado a someterse a muchos neumotórax, y resecciones de las pleuras, con el paso del tiempo ha acabado por destruirle los pulmones. Ahora depende del oxígeno que, como una serpientecilla silbante, la acompaña a todos los sitios a los que va. Espero que consiga salir de la crisis y volver a casa. Tú la quisiste en tu película, *Medea*, ¿te acuerdas? Ella está muy orgullosa de aquella elección, de haber asistido al entendimiento profundo e inesperado entre Maria Callas y tú.

Piera te gustaba mucho en la escena. En la vida todavía la conocíamos poco, tú y yo. Pero fuiste precisamente tú quien me sugirió que escribiera una *Medea* de hoy para darle el papel a ella, ¿te acuerdas? Siguiendo tu sugerencia, Piera y yo decidimos vernos todos los días para entender cómo construir una *Medea* moderna.

Lo divertido es que, en lugar de hablar de *Medea*, Piera acababa por hablarme siempre de su madre. Una mujer con un destino inquietante y muy original, que sufría depresiones de temporada que la aislaban en una suerte de letargo en los meses del invierno. En cuanto cambiaba el tiempo y el sol empezaba a calentar el aire, la bella madre se levantaba de la cama, rejuvenecida, se vestía con trajes de flores, se perfumaba y salía en bicicleta a hacer conquistas. Y la niña la seguía, algunas veces compartiendo con ella los amantes improvisados.

Pero este comportamiento, que la hija niña aceptaba y dotaba de poesía, acaba por dar escándalo y, en un determinado momento, la familia ingresa a la mujer en un manicomio para curar sus presuntos desórdenes mentales.

En el manicomio se deciden por una serie de sesiones de electroshock y, entonces, la niña Piera acompaña a su madre, mano en la mano, a hacerse la que en la jerga médica se llama terapia electroconvulsiva. Y esto sin duda marcó su vida futura.

Escuchándola contar esta historia extraordinaria pensé que debíamos escribirla. Así nació nuestro libro, *Historia de Piera*. Y llegó el día de la presentación de nuestro relato impreso, todavía me acuerdo perfectamente: estaba con nosotras Marco Ferreri, quien dijo dos palabras escuetas y no muy convencidas sobre el libro y luego se fue. Aquellas palabras nos apenaron y nos convencimos de que nuestro libro no le había gustado en absoluto.

En cambio, dos días después llegó una llamada suya que decía: «Chicas, vuestro libro me ha trastornado. Quiero hacer una película». Y de esta manera inesperada y ridícula nació *Historia de Piera*, una película intensa, donde actuaba una inteligente y modulada Isabelle Huppert, una delicada y profunda Hanna Schygulla, y un tierno y conmovedor Marcello Mastroianni. Un trío que causó sensación.

Y pensar que todo había empezado contigo, con tu sugerencia de trabajar con Piera en una *Medea* que no se materializó nunca salvo en tu encendida película con Maria Callas.

Querido Pier Paolo:

desde que, tras la muerte de mi madre, caí en un pozo oscuro y resbaladizo; desde que, como la Alicia de Lewis Carroll descubrí un mundo cabeza abajo e inquietante; desde que me dirigí a médicos expertos de los estados de ánimo –el amabilísimo doctor Corrivetti, la sabia e inteligentísima Simona Argentieri–, que me enseñaron a fijar los sueños, descubrí una nueva manera de curiosear en el más allá. Entendí que, además de las reinas malvadas que cortan cabezas, se pueden encontrar conejos presurosos y sabios, orugas que hablan doctamente mientras se fuman un puro, hadas gordas y benévolas. Pero algunas veces también amigos queridos que se han ido de este mundo.

Y aquí tienes otro sueño de hace dos noches. Bajaba con el ascensor de mi casa y en lugar de salir a la calle asfaltada de siempre, me encontraba en un terreno lleno de zarzas, y mientras pensaba cómo consigo yo adentrarme ahora, con estas sandalias, en esta senda erizada y pedregosa, vi un gran baobab que se erguía ante mis ojos como un fantasma diurno. Un árbol curioso, el baobab, que parece haber sido plantado del revés en la tierra por una mano borracha: delgado y retorcido en la parte superior, como si tuviera raíces en la cabeza; abultado y gordo en la parte inferior.

Debajo del panzudo baobab estabas tú observando un grupo de buitres, altos, feos, con un cuello largo y pelado, la cabeza roñosa, el pico sucio, que estaban descuartizando el cadáver de un pobre cordero.

Quién sabe si los sueños revelan de alguna manera una realidad invertida y jamás acaecida pero que se encuentra en la categoría de las cosas posibles. Quién sabe si esa visión de los buitres bajo el baobab ocurrió de verdad y la había olvidado o me la estaba inventando gracias al sueño.

En África, buitres, vi muchos y siempre pensé que eran animales desagradables y repugnantes. Pero tú los mirabas con atención, tanto que pensaba que no me habías visto acercarme. En cambio, nada más llegar al alcance de la voz, dijiste:

–Un día me harán pedazos como a él.

Y me indicaste el cordero despedazado. Me dio un escalofrío. Seguí tu mirada atenta que observaba fríamente esos picos de acero que arrancaban y laceraban las carnes todavía calientes del pobre cordero.

¿Un sueño profético? Como de costumbre, cuando iba a contestarte, te desvaneciste y me encontré abrazando la almohada con las manos temblorosas por el sobresalto. No hacía falta el doctor para saber qué querías decir.

Pero tú, ¿de verdad presagiabas que ibas a morir joven? ¿Intuías que te asesinarían? ¿Sabías que corrías el riesgo de morir con el tipo de muerte que te hicieron padecer?

Alguien ha sostenido que no solo lo sabías, sino que de alguna manera intentaste y quisiste morir asesinado. Aparte de la vulgaridad del pensamiento oculto del *tú te lo has buscado*, se trata de una explicación superficial. Las relaciones de cada persona con la muerte son complejas, profundas y misteriosas. Una cosa es intuir, conociendo la propia capacidad de arriesgarse y desafiar al destino, un futuro peligroso. Otra cosa es querer la propia muerte.

Recuerdo una vez, creo que estábamos en el Congo, ante un paisaje grandioso, arcaico, con profundidades azuladas, que me dijiste que habías entendido qué era la inmortalidad. Y yo intuí que, por un instante, te habías sentido inmortal. Y en efecto lo eres, no en el sentido carnal: tu arte se ha vuelto inmortal. Sin embargo, no sé si pensabas en tu trabajo en aquel momento. La inmortalidad es un acto de confianza hermosísimo, un ímpetu de desgarrador amor por la vida, que es lo menos inmortal que conocemos. Contradicción que solo un poeta puede entender.

No quisiera seguir hablándote de tu muerte, Pier Paolo, que aun así es parte de tu vida, pero el hecho de que todavía esté envuelta en el misterio me mueve a hacerlo. Me pregunto si tú llegaste a entender quién te estaba matando. Tenías delante al chaval Pelosi, el Pino del pelo tupido, al que llamaban *la Rana*. Lo habías conocido en Il biondo Tevere; después de cenar fuisteis juntos a Ostia. A partir de ese momento las cosas se confunden. Las palabras de Pino se detienen, desconcertadas, ante tu silencio mortal. Pino dijo que querías violarlo y por eso se rebeló, agarró un bastón que encontró por el suelo y empezó a golpearte.

Pero cuando te encontraron, Pier Paolo, estabas cubierto de sangre, un manantial de sangre y heridas. ¿Cómo era posible que el chaval Pino no tuviera encima ni siquiera una gota de sangre? Y no te había matado con un tiro de fusil, sino que hubo una lucha que demostraba cuánto te habías defendido. Con tu cuerpo atlético de deportista que no paraba de jugar al fútbol, sin lugar a dudas habías dado algún puñetazo además de defenderte e intentar evitar aquella furia solitaria.

Y aquí se abre la oscuridad de las mentiras. ¿Pino estaba solo o había con él otras personas, con las que se había puesto de acuerdo para tenderte una encerrona mortal? ¿O habían llegado a él y lo habían dominado individuos cuyo nombre no reveló jamás?

La lógica nos dice que con toda probabilidad hubo un acuerdo: tú eres menor de edad, te caerán solo algunos años, carga con esta responsabilidad y nosotros te pagaremos muy bien. O quizá hubo un chantaje: si cargas tú con la culpa, no te matamos. No se sabe.

Nosotros, tus amigos, entendimos inmediatamente que Pino no estaba solo. Había huellas visibles de otras personas en el terreno donde te mataron: la huella de una mano sucia de sangre en el techo de tu coche, que no te pertenecía ni a ti ni a tu presunto asesino; había huellas de zapatos en la arena, desgraciadamente confundidas por el hecho de que nadie cerró aquel espacio y la gente afluyó, acabando por confundir las cosas.

Está, sobre todo, el hecho de que, al cabo de treinta años, Pelosi confesara que no fue él quien llevó a cabo aquel horrible gesto.

Pero entonces, ¿quién?

Nos lo preguntamos, pero no obtuvimos respuesta. Fue una confesión a medias. El presunto asesino admitió lo que nosotros siempre habíamos pensado: que no estaba solo, y que no fue él quien te hirió de muerte. Pero ¿por qué, visto que después de todos estos años encontró el valor o la libertad de retractarse de sus palabras iniciales, por qué no dijo toda la verdad sino solo una parte?

Ha habido infinitas hipótesis, tú lo sabes, y algunas son de pura ciencia ficción. Pero queda el hecho de que no se quiso llegar verdaderamente al fondo de los detalles del delito y de quién lo decidió.

Muchos dicen que son fantasías, que la culpabilidad de Pelosi está confirmada en tres instancias judiciales. Ahora bien, ¿no es extraño que un chaval se declare culpable, acepte que se lo condene, cumpla muchos años de cárcel y solo al cabo de treinta años decida confesar que no fue él quien te mató? ¿Qué sacaba él de contradecirse de forma tan manifiesta? No era un arrepentido de la mafia, no estaba acusando a nadie con el peligro de que lo mataran a su vez, en fin, no tenía nada que ganar. ¿Acaso no son todas razones lógicas para creer en lo que dijo antes de morir joven, tras mantener un secreto desde hacía tantos años? ¿De quién tenía miedo Pino alias *la Rana*? ¿Quién lo amenazó o chantajeó?

¿Y cuánto puede haber de verdadero en la teoría de que tú sabías algo que no debías saber sobre el misterio de la muerte de Enrico Mattei, de la que te habías ocupado al escribir tu libro *Petróleo*? ¿Por qué, un libro que habla sobre todo de sexualidad, de muerte, de madres amadas más allá de lo lícito, lo titulaste *Petróleo*?

En tiempos antiguos te habría pedido que nos hicieras conocer la verdad de tu muerte a través de signos secretos. Cuando se creía que existía un lenguaje que unía a los muertos y a los vivos, cuando el cielo, que hoy sabemos habitado por meteoritos, cuerpos minerales, satélites y centros de observación completamente humanos, se pensaba poblado por estrellas sabias y habladoras, yo habría sabido que tu respuesta era posible. Hoy lo dudo. Creo que tus respuestas hay que buscarlas en tus escritos, no tanto entre tus afirmaciones ideológicas, sino entre los pliegues dulces de tus versos, entre las iluminaciones repentinas de tus metáforas.

Otros han dicho que tu fuerza residía precisamente en la capacidad profética de tus pensamientos. Pero esos pensamientos fueron enunciados antes que tú, no te los inventaste. Tú pusiste en ellos una carga emotiva que cada vez sorprende y conturba. La originalidad de un poeta no consiste en lo que argumenta racionalmente, sino en su pasar a través de las estrechas hendiduras de la realidad para aprehender los relámpagos de su luz escondida. ¿No es así? Fuiste genial en esa laboriosidad de buscador de oro, excavaste tamizando la tierra negra y anónima para alcanzar esos pequeños grumos de oro puro que querías mostrar al mundo.

El recuerdo de la noticia de tu muerte me asalta dolorosa como entonces. Estaba en Rímini desde hacía dos días para un congreso feminista. Te había hablado de él. Tú habías torcido el gesto. No te gustaban las asociaciones, los grupos de jóvenes que luchaban por los derechos civiles. Tu individualismo anárquico se rebelaba ante lo que tú denominabas apelotonamientos inútiles.

Y aun así tengo que decirte, Pier Paolo, que aquellos apelotonamientos fueron importantísimos, no solo para mí sino para todas las mujeres de este país.

Te cuento cómo vivimos esos tres días de discusión y confrontación en un invierno frío y lluvioso, ante un mar alborotado y sembrado de rizos rabiosos.

Nos alojábamos en pequeños hostales económicos, y dormíamos dos o tres en un cuarto. Para la comida nos las apañábamos con un bocadillo de queso y nuestro viaje lo habíamos hecho en segunda dividiendo entre todas el gasto de los billetes.

Practicábamos una pobreza compartida. Las más pudientes pagaban por las menos sobradas. A mí no me daba miedo la pobreza, he sido indigente durante muchos años y sé amoldarme a las dificultades. Aquellos años estábamos todos más hambrientos y no nos pesaba compartir las comidas, las habitaciones, los billetes del tren. También tú, Pier Paolo, sabías perfectamente lo que era la pobreza. Lo cuentas en tus poesías, en tus diarios. Cuando llegaste a Roma en los años cincuenta y alquilaste una casa en el gueto, en la Via Costaguti, y luego en Ponte Mammolo, y enseñabas en Ciampino. Cuando todavía no tenías coche para desplazarte y te movías en bicicleta o en autobús, sabías qué quería decir dormir en un camastro con las mantas deshilachadas, esperar horas y horas el autobús que no llega, empujarse en las apreturas de una muchedumbre apresurada.

Era el 2 de noviembre, era por la mañana y estábamos discutiendo sobre el sentido de la maternidad: hasta qué punto debe considerarse un hecho natural, y hasta qué punto se ha convertido a través de los milenios en un producto cultural, cargado de símbolos y de tabúes. Recuerdo que escuchaba fascinada los relatos de mis compañeras que hablaban de sus embarazos y de sus partos. Una cosa esencial del feminismo ha sido la conquista de esta praxis: no hablar nunca de cosas abstractas y teóricas, sino partir siempre de nosotras mismas y de la propia vida. Lo personal es político, era nuestra receta predilecta. No ideologizar nunca, sino entrar en lo vivo de la carne cotidiana y escuchar las experiencias de las demás.

Yo misma había contado lo de mi aborto espontáneo al séptimo mes, algo que acabó con mis posibilidades futuras de generar. Un dolor que todavía llevo conmigo como una cicatriz jamás cerrada del todo.

Y precisamente mientras estábamos de lleno en la discusión, alguien me hizo una señal de que fuera a la entrada donde había un teléfono porque me estaban buscando con urgencia.

Dejé la discusión que me interesaba mucho, tachando de pelmazo a quien quería interrumpir aquel hermosísimo intercambio de ideas. Agarré el teléfono y oí una voz masculina que decía:

–Vuelve inmediatamente a Roma, han asesinado a Pier Paolo.

El auricular se me cayó de la mano. Ni siquiera había entendido quién hablaba al teléfono. Pensé en Alberto, pero si hubiera sido él me habría dicho algo más. Aun así, me parecía su voz.

¿Y si era una broma estúpida? ¿Cómo y cuándo habías muerto, mi dulce Pier Paolo? Temblaba por la angustia y no sabía qué hacer. La noticia mientras tanto había volado, a través de la radio, y mis amigas me convencieron de que era verdad y me ayudaron a llenar la maleta y a tomar el primer tren.

Cuando llegué, tú estabas ya amortajado en el ataúd clavado y expuesto en la Casa de la Cultura detrás de la Piazza Argentina.

No me salía ni siquiera una lágrima. Tenía una necesidad febril de entender cómo habías muerto, qué había sucedido. Pero en aquel momento nadie tenía ganas de hablar. Por eso no paraba de dar vueltas por la capilla ardiente buscando testimonios que no encontraba.

Este recuerdo se superpone con el de tu funeral, atestado, en el Campo dei Fiori –señal de que a pesar de los muchos insultos y tus muchas tomas de posición, eras amado– y recuerdo la voz dolorosa e indignada de Alberto que gritaba:

–Ha muerto un gran poeta. Poetas como Pasolini, nace uno cada siglo.

Su voz afligida conmovió a todos. Y creo que en ese momento dramático también tus enemigos, los poetas del grupo 63 que te habían atacado tantas veces, estaban turbados. Me pregunto si el delito de un poeta los convencería aún más de su teoría de que la poesía estaba muerta, de que el mundo se había hecho añicos y se podían narrar solo los fragmentos de una realidad rota, rechazando todo lo que es definido y razonado. O si, en cambio, en sus cabezas germinó la duda de que un poeta es también una voz pública, una voz capaz de narrar las angustias personales y sociales de una época, acabando por golpear, a través de sus palabras, al poder y, por lo tanto, transformándose en un peligro público a quien hay que taparle la boca.

Querido Pier Paolo:

en nuestros viajes africanos se delineó un extraño pacto: tú te ocuparías de encontrar las localizaciones de tus películas futuras, Alberto escribiría de nuestras jornadas y yo sacaría fotos y llevaría una especie de memoria visual de nuestros desplazamientos, de nuestros encuentros, de nuestras aventuras.

Pero yo, más que fotografiarte a ti o a Alberto, que me parecía algo obvio y previsible, demasiado al alcance de la mano, me dedicaba a fotografiar a los africanos, mujeres, hombres y niños que encontrábamos en nuestros viajes. Estaba fascinada por sus casas hechas de ladrillo de barro cocido al sol y tejados de paja. Preguntaba si podía entrar, me sentaba en el suelo de tierra, junto a esos miserables hogares construidos con piedras recogidas en el río, con el humo que no paraba de salir y circular por el aire incluso cuando el fuego estaba apagado. Luego entendí que ese humo servía para mantener alejados a los escorpiones que pululaban entre la paja seca de los cobertizos, las moscas, las serpientes que entraban a hurtadillas para robar la poca comida apartada.

A propósito de serpientes, ¿te acuerdas de aquella vez que pusiste el pie encima de una pequeña serpiente venenosa que salía de la arena? Nos dijeron que esas pequeñas y casi invisibles serpientes se llaman «tres pasos» porque después de que te han mordido, puedes dar tres pasos y luego te quedas en el sitio. Afortunadamente, la pequeña serpiente acababa de nacer y quizá se había perdido. De todas maneras, no te mordió, aunque no habría sido fácil alcanzar tu tobillo bajo el grueso calcetín y las botas que todos llevábamos, precisamente para evitar encuentros desagradables.

Cómo conseguirían vivir en aquellas casas, me preguntaba yo mientras, de cuclillas en el suelo, me llevaba a los labios una tacita desportillada con té hirviendo. El olor a madera quemada, a orina, a plátanos fritos y a especias de gusto amargo y violento me aturdía.

Como una habitual de la identificación, práctica bien conocida por los escritores, incluso los más simples, intentaba entender qué quería decir pasarse la vida dentro y fuera de aquellas casas sin agua corriente, sin luz, sin puertas; durmiendo en el suelo de tierra compactada, echados en ásperos jergones de paja, todos juntos, padres, madres, hijos, y a menudo también cabras, cerdos, gallinas, perros. ¿Qué sentido pueden adoptar palabras como familia, tranquilidad, trabajo, aprendizaje, juego, sexualidad, libertad individual en esas condiciones?

Fue de aquellos encuentros en los cuales nos entendíamos por señas, sentada en las casas más pobres de las aldeas africanas, de donde saqué algunas ideas sobre la distancia de los países ricos de los países pobres, sobre hasta qué punto la riqueza de los unos depende de la pobreza de los otros. Pero sin demonizar y pretender quién sabe qué venganzas brutales. La palabra venganza me resulta muy antipática y me parece que pertenece a un mundo arcaico y primitivo. La mayor conquista civil, lo creo firmemente, fue el paso de la fase de la venganza a la de la justicia. En esto quizá no estábamos muy de acuerdo tú y yo, porque a tu espíritu anárquico le traía al fresco la justicia como institución, aunque estabas profundamente convencido de que la venganza debía ser vencida y sustituida, pero solo por el amor, no por la justicia.

Hablábamos de ello, te acuerdas, medio tumbados en unas *chaises longues*, así las llamaban, al abrigo de una techumbre de latón, en una especie de chamizo ruinoso que pomposamente definían *Hotel des rois*.

Tú sostenías que la felicidad no depende del agua corriente, de las puertas que se cierran, de las camas altas, de una cocina con gas. Pero lo decías como uno que disfrutaba plenamente tanto del agua corriente como de una cama alta y, por lo tanto, protegido de las cucarachas y de los escorpiones; lo decías como uno que llevaba zapatos de piel, caros sombreros de tela contra el sol, y estabas equipado con un Land Rover acostumbrado a moverse por carreteras en mal estado y tenías a disposición el dinero para comprarte una cena abundante y una camisa planchada.

Te lo hacía notar, pero tú me respondías que me equivocaba, y aquí quiero retomar tus palabras escritas: «Desde hace mucho tiempo venía yo diciendo que sentía una gran nostalgia por la pobreza, la mía y la de los demás, y que nos habíamos equivocado al creer que la pobreza era un mal. Afirmaciones reaccionarias que yo, no obstante, era consciente de que formulaba desde una extrema izquierda aún indefinida y, desde luego, no fácil de definir».[1]

Y yo que me dejo sugestionar fácilmente, me ponía a imaginar un paraíso terrestre hecho de amor y de alegría, de una vida cotidiana muy pobre, pero feliz, donde no hubiera que preocuparse de las cucarachas, de las serpientes, de las hormigas, del humo, del barro y del hambre. Me preguntaba si en el jardín de la beatitud, antes de la caída, los seres humanos vivían así. La leyenda quiere que fueran desnudos, se alimentaran de maná y plátanos. Pero no disponían de agua corriente, de una casa con las puertas que se cierran, de una cama alta, de zapatos sólidos que defiendan de los mordiscos de las serpientes venenosas. Y aun así eran felices. ¿Es esto lo que querías decir? Tu propensión hacia las utopías me hechizaba y me inquietaba al mismo tiempo.

Me rebatías que hablabas de pobreza, no de miseria. Y yo te preguntaba qué es la miseria si no la comparamos con el bienestar. En mi experiencia de cuando era pobre, en los años de la guerra y de la posguerra, en realidad no me daba cuenta de que lo era. Era normal para mí viajar en tercera clase, dormir en hoteles muy pobres donde el baño estaba al fondo del pasillo y se compartía con otras cuatro o cinco habitaciones. Ahora, en cambio, me parece normal tener un baño todo para mí.

1. *Escritos corsarios*, p. 213.

La pobreza real, insistías, la pobreza de las cosas, que libera de la esclavitud de la posesión, debe considerarse una bendición. «Estoy dispuesto a cualquier sacrificio personal, naturalmente. Para compensarme, será suficiente con que el rostro de la gente recupere la antigua forma de sonreír; el antiguo respeto por el prójimo, que era respeto por uno mismo; el orgullo de ser lo que la cultura "pobre" de uno le enseñaba a ser. Quizá entonces podremos hacer borrón y cuenta nueva...»[1]

Estas son tus palabras escritas en 1969, en un artículo sobre el poeta Ignazio Buttitta. Las he reproducido para no encomendarme totalmente a la memoria.

Y añadías: «quizá era una profecía demasiado lúcida y desesperada eso de pensar que la historia de la humanidad fuese ahora la historia de la industrialización total y del bienestar».[2]

Y aquí te doy la razón. Como dices, había entrado en la cabeza de la gente que la propiedad y el uso de los bienes eran la señal de que la humanidad progresa, crece, se vuelve madura y consciente. Pero es un engaño peligroso, puesto que desoye completamente las exigencias profundas, las que tienen que ver con las relaciones entre los seres humanos, las relaciones con la naturaleza, con el tiempo, todas ellas cosas que tienen que ver con el mundo de los sentimientos y de la conciencia y que nunca son satisfechas por la seguridad de la propiedad o por la comodidad del vivir.

No sé si te das cuenta de la actualidad de tu pensamiento de aquellos años, Pier Paolo. Casi casi te diría que entras en sintonía con la pequeña Greta, con sus trencitas exiguas, la niña que está sacudiendo el mundo con sus protestas contra la incuria y la devastación de las riquezas naturales debidas a la avaricia humana.

Estoy segura de que, si tú estuvieras aquí, criticarías a la muchedumbre de jóvenes que siguen a la chiquilla indignada. Pero admitirías que las palabras de Greta son parecidas a las tuyas. La nostalgia casi mitológica por los pueblos ingenuos y arcaicos,

1. Ibidem, p. 213.
2. Ibidem, pp. 213-214.

el deseo de volver a encontrar esas relaciones sencillas y respetuosas de ese grande y resplandeciente objeto mágico que es la realidad te llevaría, hoy, a ponerte del lado de los ambientalistas y de los enemigos del cemento. Pero lo harías con tu habitual intolerancia hacia las muchedumbres, hacia las tendencias compartidas, con la impetuosidad verbal de tus *Escritos corsarios*, ¿me equivoco?

No amabas a los jovencitos que reivindicaban ruidosamente los derechos de los homosexuales, aunque pensaras como ellos. Tenías esa terrible sospecha de que detrás de las reivindicaciones juveniles había un espíritu mimado de hijos de papá burgueses, y que sus pretensiones tuvieran más que ver con una relación conflictiva con sus padres ricos que con un verdadero amor por una vida sobria y criatural.

El mismo rechazo lo expresabas contra los grupos de mujeres que protestaban en las calles. Era un argumento de discusión entre nosotros, aunque nunca desembocó en conflicto. Yo sabía perfectamente que no era una actitud reaccionaria la tuya, sino un sentimiento visceral de amor hacia quienes ignoran, porque la ignorancia es sagrada por su cercanía al estado de pureza del ser humano.

Pero nosotras protestábamos contra la ignorancia inducida, la que había desencadenado las iras de un Dios barbudo contra una Eva que le había dado un mordisco a la manzana prohibida.

La manzana era conocimiento y el conocimiento era el nacimiento de un sentimiento de autonomía. Un Dios único, absoluto dueño del universo, juez de las conductas humanas, no podía tolerar que su criatura más querida empezara a razonar por su cuenta.

Querido Pier Paolo:

me mirabas un poco divertido cuando empezaba con mis filípicas del lado de las mujeres. No estabas de acuerdo conmigo. Pero no porque pensaras que las mujeres puedan estar determinadas por un cerebro más pequeño o porque estén influenciadas por un útero caprichoso y primitivo, sino porque no te interesaba demorarte a reflexionar sobre el destino femenino. El argumento te llevaba a un camino espinoso e incomprensible. Eras demasiado pasional e instintivo como para pensar en términos antropológicos. Dejabas que fuera yo, con mi pequeño corazón ilustrado, la que lo hiciera.

Tu concentración emotiva estaba tan focalizada simbólicamente en la maternidad que descartabas instintivamente cualquier otra reflexión. La historia, en definitiva, la conocías, desde luego no eras un ignorante, pero la observabas desde una ventana alta y sagrada en la que la madre dominaba sobre cualquier realidad, como cuerpo creador e iluminante.

Tenías fuertes amistades femeninas. Cómo no recordar a Elsa Morante, con la que viviste un vínculo férvido y apasionado. Y cuando estabas a su lado no te preguntabas si era mujer u hombre. Elsa era Elsa, en su vehemente e inteligentísima toma de posesión de la vida. Ni siquiera ella se preguntaba si tú eras hombre o mujer. Eras el amigo dulcísimo con el que compartía una visión felina: capaz de amar ciegamente y de odiar sin frenos, capaz de ternuras infinitas que podían transformarse en agresividades repentinas, seguidas de arañazos furiosos.

Te enamorabas también de mujeres bellas y problemáticas; de mujeres decididas e inteligentes, como Silvana Mauri Ottieri de quien escribiste: «Tú has sido para mí algo especial y diferente a todo lo demás: tan excepcional que no encuentro ninguna explicación, ni siquiera una de esas explicaciones larvadas y tan concretas que se nos aparecen en nuestro monólogo interior, en las maniobras más astutas de nuestro pensamiento. Desde que me abriste la puerta de tu casa en Bolonia, [...] has sido para mí la mujer que hubiera podido amar, la única que me ha hecho entender lo que es una mujer, y la única que he amado hasta cierto límite. Bien sabes cuál es ese límite: pero ahora tengo que decirte que algunas veces lo he traspasado, no sé cómo ni cuándo, tímidamente, locamente, pero lo he traspasado. Si quieres pensar en una situación análoga, piensa en *La puerta estrecha:* pero no te he dicho nunca nada de mi ternura porque no me fiaba de mí. No me obligues a añadir más, compréndeme. En mi última nota te he escrito que eras la única, entre todos mis amigos, con quien era capaz de confiarme: y eso simplemente porque eres la única a quien amo de verdad, hasta el sacrificio».[1]

Otras mujeres amaste, como Laura Betti, como Maria Callas. Con tal de que el sexo permaneciera, cerrado, fuera de la puerta sagrada de tu cuerpo. Con estas condiciones te encomendabas a la cercanía femenina que, queriendo o no, se transformaba, bajo tu mirada desasosegada, siempre y por impronta infantil, en un cuerpo materno.

Recuerdo la cara asustada con la que me diste un empujón –la única vez que fuiste un poco desgarbado conmigo– en las aguas ante la casa de Sabaudia que compartíamos. Una ola repentina nos arrojó el uno encima de la otra. Mi pecho se pegó al tuyo, mis piernas se trenzaron con las tuyas. El contacto duró solo pocos instantes, pero aun así vi algo que denominaría miedo en tus ojos color de chocolate.

Era ese miedo del que me habías hablado, que respondía a la frase «Si hiciera el amor con una mujer, ¿me parecería que lo estoy haciendo con mi madre?».

Sé que, para ti, el cuerpo femenino nunca fue una tentación sexual, una carne peligrosa como lo entienden los fanáticos de

1. En *Pier Paolo Pasolini: palabra de corsario*, pp. 92-93.

una fe musulmana mal interpretada. Si le preguntas a un talibán por qué pretende que las mujeres estén cubiertas desde la cabeza hasta los pies, te contestará (como me han contestado algunos muy practicantes a los que yo he preguntado) que las mujeres son seductoras y peligrosas, por eso deben esconder sus cabellos largos, sus ojos cautivadores bajo velos y ropa que no trasparente, para no hacer caer en tentación a los hombres.

Lo que equivale a decir, con una ingenua pretensión, que el mundo está hecho de cuerpos masculinos dominantes y que solo su deseo tiene una legitimidad reconocida. Por otro lado, «Recordad, chicas, un hombre necesita jugárselo todo al deseo sexual para procrear, mientras que una mujer puede sufrir y procrear sin conocer el deseo, ¿os parece poco?».

En tu caso era todo lo contrario. Tu rechazo del cuerpo femenino no procedía de un deseo reprimido, sino del temor de llevar a cabo un sacrilegio. El cuerpo femenino tú lo mitificabas y adorabas hasta tal punto que creabas un instintivo tabú sagrado.

Las suavidades del otro sexo las evitabas porque representaban el mundo carnal de la gran Madre Tierra. Un mundo con el que no se copula, en cuya sombra nos podemos solo acurrucar, disfrutando de su protección dulcísima y segura.

Elsa, por ejemplo, fue para ti una madre simbólica importantísima. Alguien podría sostener que, encomendando a la Madre primordial toda la potencia creadora terrestre, de alguna manera la privabas de su capacidad creativa espiritual e intelectual. Pero no era así. Para ti Gea era también Atenea y Diana. Gea –que había generado a Urano y habiéndose unido con él procreó después a Océano, Hiperión, Japeto y Cronos, pero también a Temis, Mnemosine, Tetis– era una madre prolífica y generosa, pero era también el origen de grandes explosiones de vida, responsable de los bosques y de las aguas, de la memoria y del tiempo.

¿Te acuerdas de las palabras que me dijiste cuando te entrevisté sobre tu infancia? «Mi madre era como Sócrates para mí. Tenía y tiene una visión del mundo sin duda idealista e idealizada. Ella cree de verdad en el heroísmo, en la caridad, en la piedad, en la generosidad. y yo he absorbido todo esto, de una manera casi patológica.»

Tu sinceridad era tan áspera y desnuda que daban ganas de protegerte. Tu desnudez se la ofrecías a un mundo receloso y vengativo que quería hacerte callar y, a ser posible, eliminarte del todo. Como en efecto sucedió.

¿Te acuerdas de que me hablabas de los sueños sobre tu madre? Vuelvo a tus palabras: «El año siguiente, en Conegliano empezó una serie de sueños en los que perdía a mi madre y la iba a buscar a una ciudad que era Bolonia [...], y yo me acuerdo de ella sobre todo a través de aquellos sueños. La pesadilla acababa con unas escaleras que yo subía corriendo, siempre buscando a mi madre desesperadamente. Luego me despertaba en la cama de mis padres. En aquella época empezó una forma de neurosis cardiaca. Había aprendido que el corazón es el motor de la vida y era presa del repentino miedo de que dejara de latir».

¿Acaso no hay algo de la leyenda de Orfeo en esta sugestiva historia de sueños sobre la pérdida de la madre y de la famosa carrera para alcanzarla, para encontrarla, para tenerla cerca para siempre?

Orfeo sabe que a los humanos les está prohibido descender al país de los muertos. Pero decide romper ese tabú para él incomprensible. ¿Y cómo lo hace? Con el canto. Su canto era tan sugestivo y seductor que consigue fascinar incluso a Cerbero, guardián del límite entre el mundo de los vivos y el de los muertos. Tu canto, Pier Paolo, era la poesía y con ella te franqueabas el paso al reino de los difuntos.

Salvo que, en el misterioso país de las almas sin cuerpo, se puede entrar, pero no llevando consigo a la persona amada. De hecho, como le pasa a Orfeo, también tú te diste la vuelta y tu madre desapareció en la oscuridad y esa oscuridad la llevaste contigo toda tu vida.

Y volviendo a nuestro diálogo de entonces: cuando yo insistía contigo para entender mejor esa angustia de pérdida materna y ese sufrimiento de corazón que incluso te detenía los latidos, me contestabas que de físico estabas perfectamente, pero que sufrías de una forma de angustia. «Mi sufrimiento se debe al hecho de que, para mí, una desgracia no es nunca esa desgracia sino una desgracia cósmica, que pone en entredicho todo mi ser.»

Querido Pier Paolo:

ayer por la noche tras haber estado escribiendo todo el día, me puse a buscar algo que ver en la tele. Descubrí con sorpresa que daban una película que tú bien conoces, *Sweet Movie*, ¿la recuerdas? Busqué el canal al vuelo porque ya había empezado y me conmovió volver a verla.

¿Te acuerdas de cuando trabajamos juntos en los estudios detrás de la Piazza Santa Maria Maggiore? Te habían pedido que editaras la versión italiana de la película de vanguardia de Dušan Makavejev, un director de origen serbio. Tú me invitaste a colaborar y yo me dediqué a la moviola.

He ido a comprobarlo: era 1974, un año antes de que te mataran. Pero me parecía una experiencia más lejana. Recuerdo que venías por la tarde y mirabas lo que yo había hecho durante todo el día. Comentábamos juntos lo buenos que eran Pierre Clémenti, o Sami Frey, y Marpessa Dawn, que tenía el papel de Mamá Comuna.

Una historia que pasaba de los papelitos plateados de los bombones al negro más negro de un relato criminal. ¿Te acuerdas de la comuna de anarquistas que acoge a Miss Mundo, casada con un riquísimo industrial con costumbres extravagantes, como la de teñir su miembro de oro?

¿Y te acuerdas de la embarcación cargada de azúcar con la estatua de Karl Marx que hacía de mascarón de proa? En un determinado momento se ve también a Bakunin que llega directamente del *Acorazado Potemkin* y a Miss Mundo y al último de los anarquistas haciendo el amor encima de una montaña de azúcar.

Editamos otra película juntos, trabajando codo con codo en pequeñas salas oscuras, ante una moviola que pasaba la película adelante y atrás. Era agotador, pero aprendí mucho sobre las técnicas cinematográficas. Es como entrar dentro de la sala de máquinas de un barco. Estás junto al motor que lleva adelante el viaje, existe, marcha, rebufa, consume, pero no se ve. Allí dentro discutimos y también nos reímos de muchos detalles ingenuos, pero también sabios de películas como *Sweet Movie*, o *Trash* de Paul Morrissey producida por Andy Warhol.

¿Te acuerdas de la trans Holly y del guapísimo Joe Dallesandro? Eran basura entre las basuras, él drogado y ella chiflada, y aun así llega el anuncio de un próximo nacimiento. Al principio, deciden abortar, pero luego eligen tenerlo, ¿te acuerdas? Tú quisiste que no fueran actores profesionales los que doblaran los diálogos, sino personas de la calle y amigos, como hacías también con tus películas.

Había quien te reprochaba que trabajabas demasiado sobre el doblaje. Las películas hay que verlas en original, sentenciaban. Y te criticaban porque rodabas tus películas sin toma directa. Tú contestabas que el cine es artificio. «No considero la naturaleza natural, la naturaleza no es natural», declarabas cándido y tu candidez resultaba más luminosa que una luna llena, por esa voz suave que tenías, por ese acento friulano que te llevaba al cielo de la comunicación.

A los que te atacaban contestabas que mientras que en Francia se podía rodar en toma directa, en francés, porque ellos llevaban unidos en la lengua desde hacía siglos, en Italia no era posible hacerlo porque faltaba esa unidad lingüística y los personajes hablan según el lugar del que proceden. Sostenías, además, que el cine es internacional y muy a menudo en las películas de los directores italianos hay actores extranjeros que actúan y doblarlos se convierte en una necesidad.

Querido Pier Paolo:

esta noche he soñado que te subías una de esas camisetas de rayas que llevabas a menudo, adherentes al cuerpo que tenías delgado y atlético, y me indicabas la tripa con un dedo. Y yo superponía a la imagen de tu tripa la que he visto estos días en la pantalla televisiva: unos chicos que se suben la camisa para mostrar un vientre en el que brotan flores, muchas flores, carnosas y de colores que me producen un poco de inquietud. Las flores no nacen en las tripas, y ese hormigueo de pétalos que hace pensar en un encuentro de mariposas sobre un cuerpo desnudo me comunica una sensación de malestar.

He entendido enseguida que aludías a tu úlcera, por la que sufriste tanto en la segunda parte de tu existencia. Y, sin embargo, llevabas una vida sana. Pero era el ansia la que te excavaba las entrañas. Y no había una medicina que la pudiera acallar. Te tomabas a puñados un analgésico que me parece que hoy se considera un fármaco peligroso. Pero tú, como siempre, eras impetuoso y rebelde. Intentabas acallar ese estómago tuyo gruñón que a veces te cortaba la respiración.

¿Te acuerdas de aquella vez que en Gigetto, en el gueto, te desmayaste y tuviste un ataque horrible de úlcera?

Estábamos tú, Alberto y yo. Mientras comíamos, te levantaste para ir al baño. Y allí te quedaste un buen rato. Tanto que empezamos a preocuparnos. De repente, la puerta del baño, que daba a la sala más amplia del restaurante, se abrió y tú te caíste de bruces echando sangre por la boca.

Los comensales se quedaron paralizados. Nadie sabía qué hacer. Todos petrificados, incluso Alberto que suele ser muy activo. Creían que te habías caído muerto, ahí. A mí me salió espontáneo ir a sostenerte. Me senté en el suelo y te cogí entre mis brazos, levantando tu cabeza que seguía derramando sangre. Entendí que no estabas muerto, sino que necesitabas aire. Por suerte, mientras tanto, Alberto se activó y llamó a una ambulancia. Estabas pálido y tus ojos abiertos de par en par expresaban una desesperación sin nombre.

–No me sueltes, no me sueltes.

Dijiste con la boca llena de sangre. Y yo te estreché intentando secarte los labios con la servilleta que había llevado conmigo.

Duró mucho aquella hemorragia de úlcera. Tuve miedo de que te fueras. Mientras tanto el cocinero y los camareros aparecieron en la puerta para entender qué estaba pasando. Los comensales empezaron a levantarse apurados, algunos protestaban, algunos decían disparates, otros invocaban un médico. Por fin, al cabo de unos veinte minutos, llegó la ambulancia y se te llevaron.

Esos veinte minutos fueron terribles, para ti que sentías que te morías, para mí que no sabía cómo parar aquella hemorragia, para la gente que miraba asustada sin saber si seguir comiendo o no.

Por suerte, se consiguió acallar la úlcera, aunque no se curó del todo. Y para ti empezaron los famosos tres meses de convalecencia impuesta por los médicos, en los que estuviste enclaustrado en tu casa. Y en aquellos tres meses escribiste cinco textos teatrales. Lo dijiste tú, que fueron tres meses de intenso trabajo creativo, sobre todo teatral.

A partir de aquel día, de todas maneras, no podías comer casi nada. Recuerdo que cuando empezaste a venir a comer de nuevo a nuestra casa, te preparaba pescado hervido y verduras cocidas al vapor. Leche, en lugar de vino, y agua mineral. Pero tú no parecías preocupado. Casi inmediatamente volviste a jugar al fútbol con los chavales del arroyo, aunque el médico te hubiera recomendado que estuvieras tranquilo.

Durante los tres meses de enclaustramiento, íbamos a verte a tu casa que estaba en el EUR. Estaba tu madre, la insustituible Susanna, «Por eso condenada a la soledad estaba la vida que me diste», escribiste en esa amarga y bellísima poesía que se llama *Súplica a mi madre*.

> [...] Tengo un hambre infinita
> de amor, del amor de cuerpos sin alma.
> Porque el alma está en ti, eres tú, pero tú
> eres mi madre y tu amor es mi esclavitud:

Tu imploración es desgarradora:

> Te suplico, te lo suplico: no quieras morir.
> Estoy aquí, solo, contigo, en un futuro abril...[1]

Y para evitar asistir a la muerte de tu madre, tú te fuiste antes, dejándola sola, pequeña virgen transida de dolor.

La menuda y muy tierna Susanna, que inmediatamente después de tu muerte se inventó un nuevo mundo en el que tú todavía estabas vivo y presente. Recuerdo aquella vez que fui a verla a su casa de la Via Eufrate. Nos sentamos en el salón, bajo aquella gran araña con muchos brazos que tú quisiste que colgara en el centro del techo, casi para compensar con sus mil luces las luciérnagas cuya desaparición habías cantado. Susanna trajo tres tacitas de café en una bandejita de madera, la posó encima de la mesa y dijo:

–Bebamos, que si no se enfría. Pier Paolo está en el jardín y vendrá dentro de poco.

Yo no sé si estaba actuando la dulce Susanna, o si de verdad estaba convencida de que no te habías muerto. Su voz era natural y sus gestos amables y tímidos como siempre. La tercera tacita de café se enfrió mientras charlábamos y ella no volvió a mencionar la llegada del hijo. Su cara de anciana niña expresaba una gracia elegante de artista de la invención escénica.

Por suerte estaba Graziella, tu prima, que la cuidaba. Una mujer misteriosa para mí: tan devota a ti como crítica severa de

1. En *La religión de mi tiempo*, p. 141.

tus amigos; tan amable y generosa como cerrada y hostil a cualquier cambio.

Siempre la vi como un ángel de la guarda con silenciosas alas, dispuesta a protegerte, pero también a encerrarte en esas alas como si fueran una pequeña y amorosa cárcel. Evidentemente, yo no consideraba su parte de mujer autónoma, culta, independiente, que quizá tú tratabas con demasiada paternal condescendencia, como si estuviera allí solo por ti y para tu paz.

Graziella sin duda te dio mucho de su vida, de su tiempo, de su abnegación, pero ante Susanna, desaparecía. ¿Hay algo malsano en amar tan visceralmente a la propia madre? Una vez, Bernardo Bertolucci, que te admiraba y quería, te dijo de broma que incluso los gorrioncillos minúsculos y delicados se alejan del nido e intentan volar con sus propias alas. Y tú sonreíste como diciendo: ¿qué sabéis vosotros de un corazón enamorado?

> Tú eres la única que sabe, de mi corazón,
> lo que ha sido siempre, antes de cualquier otro amor.
> Por eso debo confesarte lo que es horrible saber:
> Es en tu gracia donde nace mi angustia.[1]

Es difícil de entender, Pier Paolo. Un alma que por una misteriosa razón regalaste a tu madre, y un cuerpo vital y sensual que entregaste a los chavales, en los que milagrosamente te encontrabas a ti mismo niño. ¿Cómo es posible que el eros te encerrara en un círculo mágico tan repetitivo? Un chaval con las rodillas peladas, delgado y tímido... ¿es ese tu doble, que sigues y persigues desde siempre sin lograr alcanzarlo jamás?

¿Se puede, de verdad, separar el alma del cuerpo como pensaban los católicos de los tiempos del totalitarismo religioso? Entonces el cuerpo era subdividido meticulosamente en dos mitades: la parte alta –que albergaba el alma y el cerebro, por lo tanto, sagrada y hecha a semejanza de Dios– se aceptaba en la red de las relaciones cotidianas; y la parte baja, que incluye el vientre, los genitales y las piernas (por cercanía al sexo), se con-

1. Ibidem, p. 141.

sideraba la peligrosa ocultadora de los deseos más perversos y demoniacos.

Recuerdo que cuando estudiaba el siglo XVIII para escribir *La larga vida de Marianna Ucrìa*, me tropecé con las palabras de David Hume y me quedé impresionada por su idea revolucionaria de que el proceso del conocimiento atañe a todo el cuerpo y, por consiguiente, también a los sentidos, incluida la sexualidad. Como decir que el cerebro y el sistema nervioso forman parte de nuestra relación compleja con la realidad. Algo sorprendentemente revolucionario en una época severa y beata que separaba cuidadosamente el corazón de los sentidos, el cerebro del deseo, el sexo del sentimiento.

Vuelvo a pensar en las descripciones de los carnavales de la Edad Media, cuando por fin estaba permitido darle un vuelco al cuerpo, y por una vez, se ponía a la vista la parte baja, la parte diabólica y pecaminosa del cuerpo humano, obligando al silencio la parte alta, noble y sagrada de ese mismo cuerpo. Por una vez, estaba permitido mostrarse subversivos, perversos, diabólicos, sexuados. Este era el sentido del carnaval. Pienso en ciertos cuadros de Bosch y de Brueghel en los que se expresa todo el regocijo de esa subversión. Mujeres con el culo desnudo expuesto al aire, acaso con una flor metida en el ano, hombres con la cabeza de pájaro, la tripa inflada y el miembro turgente tendido hacia una cerda preñada. Una imaginación del carnaval que nos sorprende pero que en una época de visionarios y sexófobos podía crear barahúnda y sensación de liberación. Todo estaba permitido en esos días. Pero solo por poco tiempo; después seguía la penitencia, el dolor y el regreso al orden constituido.

He aquí algo que siempre me ha impresionado de la Edad Media. Lo hablamos juntos, ¿te acuerdas? Tú te sentías fascinado por la capacidad visionaria del mundo campesino prerromántico. Al escribir yo, años después, sobre Clara de Asís, tuve la ocasión de constatarlo con más precisión: el mundo, aquellos antepasados nuestros lo inventaban día a día. El cielo era sencillamente un espejo de la tierra y en él reinaban divinidades con el ceño fruncido y siempre dispuestas a la venganza, la tierra pululaba de extraños seres medio humanos y medio animales que extasiaban a los grandes conservadores de la moral pública.

Yo te preguntaba: según tú, esos delirios públicos ¿derivaban de una vida yerma y llena de peligros? ¿Una vida que duraba poco más de cuarenta años, en la que se padecía el hambre, se sufrían enfermedades mortales y solo cabía confiar en la ultratumba?

¿Por qué era tan importante que los burros volaran, que los gatos negros se transformaran en demonios, que las serpientes salieran del vientre de las mujeres, que las ranas hablaran, que las estrellas presagiaran el futuro, que los ángeles se sentaran a la mesa con la familia?

Tú estabas fascinado por esas visiones disparatadas, sobre todo porque te mostraban el candor que tanto amabas de un mundo campesino genuino y fantasioso, sincero y sensual de cuya muerte acusabas ferozmente a la burguesía, ya fuera pequeña o grande. Contaste esos personajes de aquella época mítica y perdida en tus películas de la Trilogía de la vida. Incluso te identificaste con Geoffrey Chaucer, el jocoso autor inglés que guiaba una brigada de peregrinos alucinados y vividores hacia la ciudad de Canterbury.

Me pregunto cómo te encontrarías en una época sexófoba y al mismo tiempo profundamente atraída por el sexo, una época con la imaginación encendida, con los ojos dispuestos a ver lo que ninguno de nosotros ha visto jamás: brujas que se montan en escobas y vuelan a los aquelarres dispuestas a copular con el demonio, obispos que caminan por las nubes y hablan con Dios, niños que devoran el corazón de otros niños. Y por encima de este mundo pululante de perversos, dominaba un Dios severo y bastante rencoroso que, para cada desobediencia se inventaba un castigo de órdago, como mandar un diluvio que hiciera ahogarse a todo un pueblo, sin tener en cuenta que, en medio de los culpables, había mujeres, niños, enfermos, sanos, todos ellos inocentes y destinados a morir ahogados, excepto el buen Noé, su mujer y, de dos en dos, todas las especies animales.

Claro que, ¿cómo se llamaba la mujer de Noé? No encuentro su nombre por ningún sitio. ¿Acaso debo pensar que las mujeres en aquella época no tenían derecho al nombre, porque eran sencillamente la propiedad de un padre y después de un marido? También la mujer de Lot carece de nombre.

La historia de la destrucción de Sodoma y Gomorra es inquietante, ¿la recuerdas? Pues claro que la recuerdas, tú eras un atento lector del Antiguo y del Nuevo Testamento. Tanto que te entraron ganas de rodar una película sobre Jesucristo.

El relato de la destrucción de Sodoma y Gomorra lo he releído hace poco, tiene su sustancia, pero también es inquietante. No recuerdo si hablamos juntos de este episodio, porque cuántas veces fuimos a repasar la Biblia con nuestras palabras, que por un lado te fascinaba y por el otro te indisponía.

A menudo comentamos las historias del libro sagrado mientras trabajábamos en el guion de tu película *Las mil y una noches*. Tú decías que, curiosamente, muchos relatos de la tradición oral se encuentran tanto en las cosmogonías orientales como en las cristianas occidentales.

Pero quiero volver al relato de Sodoma, porque su extrañeza me causa curiosidad. Me gustaría hablar de esto contigo, hoy. Empiezo por los dos ángeles disfrazados de peregrinos harapientos y muertos de hambre que llegan a la ciudad y merodean pidiendo hospitalidad. Nadie les abre la puerta. Solo Lot los acoge en su casa. Pero poco después en su umbral se agolpan todos los sodomitas, «desde el más joven hasta el más viejo», especifica el relato, que le piden al dueño de casa que les entregue a los peregrinos «pues queremos tener relaciones con ellos». Lot se niega a entregar a los huéspedes, pero les ofrece en sustitución a sus dos hijas vírgenes. Os las entrego para que hagáis con ellas lo que queráis, pero dejad tranquilos a los huéspedes «pues han venido a refugiarse bajo mi tejado». Extraño discurso por parte de un padre, ¿no te parece?

La muchedumbre de los sodomitas no está de acuerdo y está a punto de tirar abajo la puerta cuando los ángeles deciden sacar sus espadas de fuego. La mañana siguiente la ciudad de Sodoma será arrasada de cima a fondo. Y la pobre mujer de Lot, sin nombre, se transformará en una estatua de sal porque se da la vuelta para ver arder su ciudad, con dentro hombres, mujeres, niños, perros, gatos, cabras, vacas, gallinas.

La Biblia está llena de historias extravagantes. Recuerdo que citabas a menudo el *Cantar de los cantares*. Las palabras inflamadas y deliciosas de la esposa que busca al esposo: «¡Tus amores son más dulces que el vino!, ¡más exquisito que el bálsamo el olor de tus perfumes! Es mi amado un gamo, parece un cervatillo».

Dulzuras infinitas, palabras incendiarias, episodios de gran amor y piedad, junto a relatos espeluznantes, injusticias brutales, venganzas feroces. Tú las conocías, y caminabas en medio de ellas como harías por un jardín lleno de sorpresas.

Querido Pier Paolo:

es curioso que hables a menudo de soledad en tus escritos. Solo y desesperado, como un perro esquelético abandonado en los suburbios de una gran ciudad. «Solo como un feto», escribes en un poema muy bello que se titula *La persecución.*

Resulta extraña la idea de que un feto esté solo, cuando en realidad está dentro del vientre de una madre que lo alimenta y lo protege, nunca solo. ¿Acaso venía de ahí tu rabiosa polémica contra los que querían legalizar el aborto? Yo estaba de acuerdo contigo en que el aborto no es una solución y tampoco una bandera. Interrumpir un proyecto de vida, ensañarse en el cuerpo materno no es una decisión justa. He escrito mucho sobre esto y tú lo sabes. Pero contra el aborto clandestino era necesario que se votara una ley, y así eliminar la horrible práctica con la que se enriquecían muchos traficantes.

Y como sabes, recién aprobada la ley, los abortos disminuyeron vistosamente. Pero claro está que la alternativa al aborto es una maternidad responsable. A ella había que apuntar, y trabajársela, porque se trataba de un proceso cultural, como todo lo que tiene que ver con nuestra relación con los demás y con el mundo. En primer lugar, eliminando todos los tabúes sobre las prácticas anticonceptivas que hasta poco antes estaban prohibidas. Pues bien, tienes que admitirlo, todo cambió como consecuencia de la ley, que desmontó drásticamente la perniciosa tradición del aborto clandestino, y colocó en el centro del discurso público una mayor conciencia de las consecuencias de la unión sexual, recordando, además, la responsabilidad, a menudo olvidada, del padre.

Muchas veces discutimos sobre esto. Era quizá la única cuestión en la que no estábamos de acuerdo. Tú eras contrario por principio y no querías escuchar las razones de una ley a favor.

Pero a veces me parecía que estabas en contradicción contigo mismo. Por ejemplo, en una carta abierta a Alberto del 30 de enero de 1975, precisamente el año en que te asesinaron, escribías: «Pasemos al aborto. Dices que la lucha para prevenir el aborto que yo sugiero como primaria es vieja, por el hecho de que viejos son los "anticonceptivos" y vieja es la idea de las técnicas amatorias distintas (y acaso también la castidad). Sin embargo, yo no ponía el acento en los medios, sino en difundir el conocimiento de tales medios y, sobre todo, en su aceptación moral. Para nosotros –hombres privilegiados– es fácil aceptar el uso científico de los anticonceptivos y, sobre todo, es fácil aceptar en lo moral las más diversas y perversas técnicas amatorias. Pero para las masas pequeñoburguesas y populares (aunque ahora "consumistas"), todavía no. He aquí por qué invitaba yo a los radicales (a quienes dirigía mi argumentación, que solo entendida como coloquio con ellos adquiere pleno sentido) a luchar por difundir el conocimiento de los medios de un "amor no procreador", a la vista (decía yo) de que procrear supone, hoy por hoy, un delito ecológico».[1]

Y atacabas a la popularísima televisión, entonces en su más amplia difusión: «Si durante un año, en televisión, se llevase a cabo una sincera, valiente y tenaz operación de propaganda de tales medios, los embarazos no deseados disminuirían de forma decisiva por lo que respecta al problema del aborto. [...] Me reitero en que la lucha por la no procreación debe librarse en la fase del coito, no en la del parto. Por lo que se refiere al aborto, yo había sugerido paradójicamente inscribir ese delito dentro del de la eutanasia, reservándole una serie de atenuantes de tipo ecológico».[2] Y acusabas a Alberto de que era cínico «como Diógenes, como Menipo... como Hobbes».[3]

1. *Escritos corsarios*, p. 133.
2. Ibidem, pp. 133-134.
3. Ibidem, p. 135.

Pero no era así, Pier Paolo. Alberto, que era un racionalista, consideraba necesario partir de la realidad, es decir, de la enorme difusión de la práctica abortiva estableciendo una ley que aboliera el castigo de esa praxis, antes de condenarla como una culpa. Después de lo cual, naturalmente, y debo decir que en esto estábamos de acuerdo, habría que concentrarse en las razones por las que muchas mujeres abortan. Nunca es un placer liberarse de un hijo recién concebido.

¿Por qué se aborta? Esta debería ser la pregunta, antes de la atribución de cualquier culpa. ¿Cuánto ha contado la falta de una gestión libre del propio cuerpo para las mujeres en regímenes de totalitarismo religioso o militar?

Lo que sorprende es que volvías a menudo a este argumento que, evidentemente, te tocaba más de lo que estabas dispuesto a admitir. Cuando discutíamos de ello, yo tenía la impresión de que a ti te costaba considerar las razones de las mujeres, porque te identificabas simbólicamente con el niño que pedía nacer y era expulsado. Tú te sentías ese niño dispuesto a asomarse a la vida y brutalmente arrojado a la nada. Eras tú ese pequeñísimo ser recién formado, encerrado, dormido en la tripa de una madre que considerabas protectora y amorosa y no aceptabas que se pudiera transformar en una mala madrastra que prefería la libertad a los cuidados y al amor materno.

Yo estaba de acuerdo contigo, y te lo repetía cuando decías que los problemas tienen que ver con el coito, no con el aborto. Es decir, la práctica consciente y de fácil aplicación de la contracepción. Pero añadías y lo escribiste: «El aborto, no obstante, tiene algo que evidentemente desata en nosotros unas fuerzas "oscuras" que preceden incluso al coito: es el carácter ilimitado de nuestro eros el que se pone en discusión, o sobre el que se impone la discusión. Por lo que a mí respecta, y como he dicho con toda claridad, el aborto me remite oscuramente a la ofensiva naturaleza con la que, en general, se percibe el coito. Esa ofensiva naturaleza convierte el coito en algo tan ontológico que lo anula. Pareciera que la mujer se queda encinta como quien se bebe un vaso de agua. Este vaso de agua es la cosa más sencilla del mundo para quien lo posee: pero, para quien se encuentra solo en medio del desierto, ese vaso de agua lo es todo, y no puede por menos de sentirse ofendido por aquellos que no le conceden ninguna importancia».[1]

No entiendo muy bien este discurso tuyo, Pier Paolo. Estamos de acuerdo en que el coito es un hecho cultural además de una elección natural pero precisamente tú te vuelves enigmático cuando se trata de profundizar en el diferente significado histórico del coito para el hombre y para la mujer.

A menudo me contaste que tus amigos, los chavales del arroyo, te referían que sus pequeñas amigas, una vez libres de salir de sus casas, se habían vuelto «perversas y salvajes al estar ebrias de libertad» y buscaban el sexo como si fuera una sencilla alegría de vivir. Me contabas que eran capaces de emparejarse con cuatro, cinco jovencitos a la vez, por espíritu de rebelión, con la desenvoltura, como decías tú, con la que se bebe un vaso de agua. ¿No se te ocurrió que a menudo los chicos consideran consentido un estupro de grupo?, ¿que justifican sus correrías en el campo sexual femenino con la teoría de que no son ellos los que quieren, sino las mismas chicas?

Mientras sigo leyéndote, ahora siento una irritación en tu discurso que no sabría cómo interpretar. «Los partidarios a ultranza del aborto (es decir, casi todos los intelectuales "ilustrados" y las feministas) hablan del aborto como de una tragedia femenina en la que la mujer se halla sola con un terrible problema, casi como si el mundo la hubiese abandonado. Lo entiendo. Pero podría añadir que, cuando esa mujer estaba en la cama, no estaba sola. Además, me pregunto cómo es posible que las defensoras a ultranza del aborto rechacen con tan ostentosa repugnancia la retórica épica de la "maternidad", mientras que aceptan de forma totalmente acrítica la retórica apocalíptica del aborto.»[2]

Me parece que volvemos a las discusiones de entonces. Recuerdo una vez, en una de nuestras larguísimas e incomodísimas travesías africanas, que tú sostenías que el aborto para el hom-

1. *Escritos corsarios*, p. 151.
2. Ibidem, p. 151.

bre es un acto de liberación. Absolvías a esos padres improvisados e inconscientes, pero culpabas a la mujer que quería abortar. «He aquí por qué tanto odio cuando alguien recuerda que un embarazo no deseado puede ser, si no siempre culpable, al menos culposo», escribiste.[1]

En fin, hablando como hiciste tantas veces conmigo, pero también por escrito, en tus artículos, insistías en el concepto de culpa, que atribuías a la excesiva permisividad sexual de la nueva burguesía consumista.

«¿Qué permite la sociedad permisiva?», te preguntabas y te contestabas adusto: «Permite la proliferación de la pareja heterosexual. Es mucho y es justo. Pero hay que ver la manera concreta en que esto sucede. Ello tiene lugar por medio del hedonismo consumista [...]: lo cual acentúa hasta el límite extremo la importancia social del coito. Además, impone su obligación: quien no tiene pareja no es un hombre moderno, como quien no bebe Petrus o Cynar. Y, por si fuera poco, impone una precocidad neurotizante. Niños y niñas apenas púberes –dentro del espacio obligado de la permisividad que convierte la normalidad en algo paroxístico– tienen una experiencia del sexo que anula toda tensión en el terreno de lo sexual, y, en otros terrenos, toda posibilidad de sublimación. Podría decirse que las sociedades represivas (como rezaba un ridículo eslogan fascista) necesitaban soldados, santos y artistas: mientras que la sociedad permisiva no necesita más que consumidores».[2]

Era difícil contradecir tu rabia contra la permisividad de una sociedad de consumo. Pero a veces me parece notar por tu parte un sordo rencor contra la colectividad heterosexual a la que atribuyes la culpa de condenar estúpida y ciegamente cualquier otra forma de deseo sexual. En tu resentimiento contra las censuras odiosas que te dirigieron, escarneciéndote y denigrándote (algo que tú sabes cuánto sufrí yo junto a ti), me parece que tú cediste a la tentación de negar las reivindicaciones del mundo femenino

1. Ibidem, p. 152.
2. Ibidem, p. 153.

como si formaran parte de por sí de la veleidosa y obscena adhesión al formalismo del consumo.

Ahora que estás en paz y caminas por las dunas celestes, ¿no crees que puedes darme la razón? Yo tengo en la mente una hermosísima fotografía tuya, solitario como siempre mientras caminas, no, quizá corres, por los médanos de Sabaudia, con el viento que te hace revolotear un abrigo ligero entre las piernas. La cara seria, pensativa, los ojos encendidos. Tu cuerpo expresaba algo decidido y doloroso. Eras tú, en toda tu terrible soledad y profundidad de pensamiento. Pues bien, yo ahora te imagino así, corriendo por las dunas de un cielo que ya no te es hostil, dejándote atrás el cascarón de los sentimientos de culpa, aunque sin llegar nunca a liberarte de verdad de la búsqueda perenne de una madre demasiado amada y de un «muchachito pascoliano que queriendo abrazar la vida, recibía patadas».

Los argumentos que tus chavales del arroyo aportaban para condenar las ganas de libertad de las chicas, que ellos acababan de asaltar sexualmente, hoy suenan desafinados, ¿no crees? En una época en la que estas mentiras se convierten en estupros por parte de grupos de adolescentes contra chiquillas a las que drogan y que, de todas maneras, siempre tienen que demostrar que no han dado su consentimiento, ¿no te suenan extrañamente familiares?

Querido Pier Paolo:

tú casi no leías novelas. Preferías el teatro y la poesía, por eso te lo agradecí mucho cuando metiste las narices en mi novela *Memorias de una ladrona*. La juzgaste una «novela picaresca». Y puesto que estabas concentrado en la preparación de las aventuras rocambolescas de la Trilogía de la vida, me pediste que colaborara en el guion de *Las mil y una noches*.

Como siempre pasaba contigo, las cosas sucedían rápidamente. Me propusiste que trabajáramos juntos, pero tenías prisa. Me dijiste que teníamos que vivir en la misma casa, porque trabajaríamos de la mañana a la tarde, «y quizá también de noche», añadiste bromeando. Yo creía que era una ocurrencia, y en cambio así fue.

Alquilamos una casa, Villa Antonelli, en la playa de Sabaudia. Tú dormías en un cuarto que daba al mar, yo en uno que daba a un jardincito de arena de la que asomaban como de milagro unas maravillosas flores rosa con las hojas carnosas.

Nos veíamos por la mañana entre las siete y las ocho, nos organizábamos para el día. Luego, cada uno volvía a su cuarto a escribir. Me habías encargado que siguiera la figura de la joven Zumurrud, una valiente y estratégica muchacha que consigue, siendo esclava, hacerse comprar por quien ella quiere.

Yo escribía las escenas que le correspondían; luego a mediodía, en la terraza, las revisábamos juntos comiendo un poco de pan y queso, para retomar el trabajo inmediatamente después, y seguir adelante hasta las ocho, a veces incluso hasta las diez de la noche.

Alberto protestaba porque le tocaba comer siempre solo. Pero luego se lo tomaba a broma y nos dejaba trabajar. Alberto era el hombre más generoso y tolerante que yo haya conocido jamás. Nunca lo he notado agresivo, nunca lo he visto de morros, y nunca lo he sorprendido proponiendo esos pequeños chantajes a los que se dedican las personas que quieren obtener algo sin imponerse. Era abierto a los ritmos, a los deseos, a las perplejidades, a las críticas, a los entusiasmos de los demás. En esto se parecía mucho a mi padre que me había acostumbrado a la máxima libertad. Haz lo que te parezca, era su lema, con tal de que conserves tu dignidad. No hagas caso de las habladurías, actúa como te sientes, con tal de que no pierdas la estima de ti misma.

El mar estaba a pocos pasos, recuerdas, pero nosotros nunca bajamos a la playa. Estuvimos encerrados en aquella casa asomada a las aguas, trabajando como dos hormigas laboriosas, de la mañana a la noche durante quince días. El tiempo de terminar un guion con tintes de cuento que tenía que mostrar, como en un sueño, la perdida felicidad de un paraíso campesino, alegre, ingenuo, exuberante, astuto, malicioso, genuino, sin esas sutilezas y ficciones, sin esas formalidades y presuntuosas intelectualidades que denominabas sin medias tintas «mierda burguesa».

Una noche, acuérdate, me despertaste a las dos porque se te había ocurrido una idea a propósito de Zumurrud y yo te escuché medio atontada por el sueño, pero disponible como siempre hacia tu dulcísima y férrea disciplina creativa.

¿Te acuerdas de cuando trabajamos en aquel guion en el que todavía hablabas de la alegría de vivir? Me resulta difícil entender cómo pudiste pasar, en el lapso de un año, de la exaltación del placer de estar en el mundo a la contemplación morbosa y sombría de la muerte. La que contaste con dolor y tenebroso sentido apocalíptico en *Saló*. Parecías otro. Pero aun así eras tú y eras el último que fuiste.

Un recuerdo claro y lejano me vuelve a llevar a la casa que teníamos en común en Sabaudia. Aquella casa que reconstruimos juntos con la perspectiva de pasar allí nuestra vida futura.

Pero duró tan poco. Tu futuro ya había sido cortado, como el hilo de Láquesis, Cloto y Átropos, las Moiras que tejían, cosían, anudaban y cortaban; sin embargo, cuando compramos y arreglamos aquella casa, dividiéndola en dos mitades, hacíamos alegres proyectos para el futuro.

Querido Pier Paolo:

una noche, recuerdo, estábamos sentados en una mesa que daba al mar. Llevabas un pequeño anillo con una turquesa engastada y le quitabas las espinas al pescado que yo había cocinado para ti. Hablábamos de rosas y de santos, ¿te acuerdas? Habías encontrado una imagen muy nítida de un san Sebastián pintado por Antonello da Messina. Un cuerpo pálido y bello, con la cabeza cubierta de rizos que enmarcaban una cara curiosamente sin dolor a pesar de las flechas hundidas en el pecho, en el vientre y en la cadera.

Estabas fascinado por aquella imagen y comías distraídamente. En ese momento llegó una amiga, no recuerdo si era Laura, que traía unas rosas y una bandeja de pasteles. Tú no tocaste los pasteles, pero oliste las rosas hundiendo la cara entre sus pétalos.

Extrañamente, esas rosas se superpusieron al cuerpo de san Sebastián torturado por las flechas y tú dijiste algo sobre que el martirio se vuelve aceptable e indoloro gracias al perfume de las rosas. Sangre y pétalos rosados.

Hoy, pensando en ello, me viene a la cabeza un hermosísimo libro de Laura Mancinelli que se titula *El milagro de santa Odilia*. En la novela, se cuenta de una familia medieval rica y poderosa, los Avagliano, que consideraba un deber tener a un santo en su blasón. Por eso manda a una de sus hijas al convento aconsejándole que haga sacrificios, se dedique a la oración, practique el ayuno y las privaciones. La mujer se aplica a todas estas recomendaciones, pero no llega a ser santa porque no consigue hacer un milagro. La familia desilusionada manda a otra hija, la más pequeña y la más inteligente e inquieta, para que se encierre en el convento y se convierta en una santa, como siempre con la recomendación de que practique el ayuno, el autocastigo, el sacrificio.

Ella obedece, pero no es feliz. ¿La vía hacia la santidad debe pasar por fuerza a través del dolor y el sacrificio?, se pregunta compungida y se va poniendo cada vez más triste. Mientras tanto, un día a mediados del verano, pasa por el convento un caballero que está partiendo para una cruzada. En el saludo a la población de la aldea, el joven propone un reto a la muchacha Odilia, sabiendo perfectamente que ya ha hecho sus votos en el convento, pidiéndole que conteste con una señal. Odilia le lanza su coronita de flores.

El caballero se marcha y no se lo vuelve a ver durante años. Mientras tanto, sin embargo, algo de ese desafío ha entrado en el corazón de la nueva monjita que le hace tomar un camino distinto del que había seguido hasta entonces. Es el amor por el joven el que madura en ella, evidentemente, pero se trata de un amor casto, virtual, naturalmente platónico, que transforma su vida y la de quienes están a su alrededor. Era un amor, como lo entendía la cultura provenzal, cantada por los poetas *troubadours*, basado en la lejanía, la fidelidad, la perfección de la memoria, en definitiva, el amor cortés que entrará con prepotencia en nuestra literatura con Dante.

Precisamente ese amor hecho de sueños y de deseos sublimados lo cambiará todo en el convento. Odilia, ya abadesa, abrirá una escuela para niños en el monasterio, acogerá a peregrinos y viajeros, permitiéndoles incluso bailar en las tardes de verano dentro del claustro, algo considerado escandaloso.

Después de muchos años, el caballero vuelve, envejecido, herido, enfermo y pide ser recibido en el convento. Odilia lo acepta, lo cuida, escucha los relatos de los horrores de una guerra santa basada en el atropello y el odio hacia quienes son distintos. Se va convenciendo cada vez más de que solo el amor y una alegre convivencia pueden hacer revivir las palabras de Cristo. Se multiplicarán, por consiguiente, sus gestos afectuosos hacia los pobres, hacia los enfermos, hacia los excluidos. Tendrá a su lado a un hombre herido por la violencia y que ahora solo desea la paz y la solidaridad.

Por fin, se producirá también un milagro inesperado: mientras la nieve cae en gruesos copos, Odilia hará florecer, con un solo gesto de la mano, un magnífico rosal. Las rosas al abrirse tendrán el color del alba y luego, rojas como la sangre, esparcirán sus pétalos sobre la cándida nieve. Este gesto de vitalidad veraniega en medio del hielo invernal hará que se vuelva popular. Será amada y reverenciada, tanto que incluso la Iglesia oficial tendrá que reconocer el milagro y la hará santa.

Me pareció que tú veías en aquel San Sebastián martirizado la imagen de tu doloroso martirio y casi casi me esperaba que acabaras por estallar con un milagro, como santa Odilia. Rosas gongorinas, magníficas rosas verbales, que florecen en una gélida noche invernal.

Querido Pier Paolo:

desde que me he puesto a escribirte, vienes a verme de noche cada vez más a menudo. El sueño de esta noche era alegre, por suerte. Íbamos en Land Rover por una carretera africana, no sé de qué país. Y tú me indicabas un humo lejano. Sonreías con tal alegría que me provocaba un ímpetu de ternura. Demasiadas veces te veía sombrío, serio, pensativo. Tus sonrisas eran raras, silenciosas. Por eso cuando tu boca estrecha se abría para una sonrisa cómplice, o simplemente de alegría, yo experimentaba una sensación de plenitud.

Miré el humo que salía de un campo reseco: probablemente un campesino estaba quemando los matojos de su faenada huerta y cuando volví a mirar hacia ti, habías desaparecido. También el *jeep*, que daba tumbos por el camino de tierra lleno de baches y de piedras, había desaparecido. Como de costumbre, cuando pensaba preguntarte algo, encontraba el vacío.

Un sueño breve pero que me ha recordado unos días alegres de uno de nuestros muchos viajes por África. Aquella vez tú estabas buscando a los actores y los exteriores para rodar una *Orestíada* africana. Yo te ayudaba a hablar con los chicos del lugar para dar con un Orestes creíble. Y lo encontramos. Un jovencito alto, bello, indolente, dotado de una sonrisa ingenua, dedos largos, brazos delgadísimos y una mirada espontánea y dulce. Yo le hablaba lentamente en inglés y él contestaba a duras penas, pero había estudiado la lengua y algo conseguía expresar. Era perezoso en sus movimientos, pero tenía algo majestuoso, como el recuerdo de una ascendencia principesca. Nos dijimos que sí, que era perfecto para el papel de Orestes. Ahora tocaba encontrar a una Clitemnestra digna de ese nombre.

Mientras tanto, habíamos visto a varias Electras, pero ninguna te iba bien a ti. En Kenia se habían presentado en un hotelucho unas chicas con ganas de hacer cine. Pero eran demasiado *coquettes*, como había dicho Alberto. Movían los brazos, las caderas, como si tuvieran que demostrar que sabían bailar y saber seducir. Algo absolutamente incongruente para Electra, que era una joven mujer severa, arisca, presa de una obsesión sombría de venganza, una obsesión incluso más aviesa y apasionada que la de Orestes.

Y entonces nos pusimos otra vez a buscar. Pero nos dijimos que era inútil correr la voz de que querías una actriz porque se presentaban las personas no indicadas. Teníamos que andar en medio de los mercadillos, ir a la salida de los colegios y localizar entre las jóvenes mujeres que no pensaban en absoluto en el cine a las que nosotros pensábamos adecuadas para Electra, las que tenían el cuerpo enjuto y la mirada severa. Al respecto estábamos de acuerdo.

Yo quizá estaba influenciada por la reciente lectura de la Electra imaginada por Marguerite Yourcenar, una joven mujer fría, cuya única pasión es el odio y la sed de venganza. Una Electra enamorada de un padre autoritario y huidizo, que depende sentimentalmente de un hermano según ella demasiado débil para ser un verdadero cómplice en el proyecto de desagravio familiar.

La Electra de Eurípides, en realidad, es más solemne y su desquite se ve como un dato del destino más que como un sentimiento personal. Discutimos largo y tendido sobre las posibles Electras y tú te inclinabas hacia una Electra moderna, sin piedad, pero también socialmente rebelde, al haber sido obligada a casarse con un campesino muy por debajo de sus expectativas y de su educación principesca. Te gustaba concentrarte en una Electra socialmente determinada más que en una joven enamorada de su padre; mientras que a mí me interesaba más una Electra tan fascinada por su padre que no reconocía su autoritarismo y, sobre todo, aquella primera culpa que lo hacía aborrecible para Clitemnestra, el hecho de haber sacrificado a la hija Ifigenia de la manera cínica y brutal que sabemos para que partieran las naves, tal como había pedido la diosa Artemisa por boca de Calcas.

Cuántas veces nos he recordado, a ti y a mí, el relato. Agamenón, para que su mujer no sospechara, le dijo que Ifigenia tenía que ir al campamento porque allí se casaría con Aquiles. Y Clitemnestra, contenta con ese matrimonio, prepara la túnica para la boda de la hija y la lleva al campamento donde las naves están paradas y esperan el sacrificio de la virgen. Ni ella ni la hija sospechan el engaño.

Desgraciadamente, la primera persona con la que se encuentran en el campo es Aquiles quien, ante la noticia de su presunta boda, cae del guindo y observa a la novia con piedad no sabiendo si revelar o no su destino.

Pero luego, no se sabe si por amor de la verdad o para lavarse las manos, Aquiles dice la verdad a las mujeres. Clitemnestra airada se enfurece con el marido por el engaño y por el proyecto homicida. Agamenón en parte se arrepiente y quisiera volver atrás pero ya todo está decidido.

Quien hará que se reconcilien los dos cónyuges será la misma Ifigenia que se ofrece como cuerpo propiciatorio para hacer partir las naves. ¿Un acto de patriotismo? ¿Un rendirse a la voluntad divina o una muda petición de paz familiar? El hecho es que se presenta, con la vestidura blanca, en el lugar del sacrificio, para que se cumpla la voluntad de los dioses.

Por suerte, también la diosa Artemisa se arrepiente del asesinato de la muy sabia y generosa joven y, en el último momento, la rapta, ofreciendo en su lugar a una cierva. El viento, mientras tanto, vuelve a soplar y las naves parten, guiadas por el gran general Agamenón, mientras la afligida Clitemnestra vuelve a su palacio desconsolada y en absoluto apaciguada con el marido cruel que le ha quitado de forma inhumana a la hija.

Esta historia nos la contamos muchas veces, ¿te acuerdas? Tú te decantabas, más bien, por darle la razón a Orestes que veías semejante a un moderno Hamlet, dividido entre el deber de la venganza y el amor por la madre. Yo quizá me decantaba por darle la razón a Clitemnestra que había sido engañada y privada de su hija, sacrificada como si fuera un pollo.

Todo esto me ha vuelto a la cabeza, estimulada por el sueño del humo. Recuerdo que pasamos dos días buscando el humo que tú querías para tu película, que había de anunciar, como sucede en la tragedia, la llegada de Agamenón. Te habías empecinado en que tenía que ser un humo verdadero, no querías que lo encendieran los del equipo de rodaje. Tenía que ser un humo manante, local y real. Por eso recuerdo nuestro inquieto, pero también un poco cómico, brujulear por las tierras africanas buscando un fuego que te satisficiera.

A cada humo que divisábamos –y África siempre está llena de fuegos y de humos–, nos acercábamos con precaución sin perderlo de vista. Tú observabas, primero con los anteojos y luego a simple vista, y al final meneando la cabeza decías: no, no sirve, es demasiado grueso, o es demasiado gris y oscuro, o, también, es demasiado blanco y evanescente. En definitiva, que nunca se encontraba el humo adecuado.

Y así dimos vueltas y vueltas durante dos días como unos locos por aquellos caminos en mal estado, llenos de polvo, en las zonas más requemadas e inusitadas del desierto africano.

Al final, cuando íbamos a renunciar, desanimados, al humo tan deseado, ¿te acuerdas?, ya casi era de noche, estábamos inmersos en un ocaso perlado, con un sol moribundo que nubes rojizas cubrían y descubrían, y de repente en el horizonte apareció un humo ligero, pálidamente azul, delicado y alegre que se elevaba formando círculos concéntricos, como si fuera la exhalación de un puro que un gigante se llevaba a los labios redondeando y suavizando las volutas hacia arriba, divertido.

–¡Ahí está! –dijiste e indicaste con la mano el fuego lejano.

Nos acercamos delicadamente y el operador filmó por fin el humo que deseabas. ¿Te acuerdas?

Pues bien, en mi sueño de esta noche, tenías la cara de aquel día, cuando ambos estábamos dentro de aquel maravilloso paisaje africano, y tú estabas embebido de un tal gozo de vivir, de una tal fuerza creativa que nadie osó hacerte notar que habíamos perdido dos días solo para elegir un humo.

Querido Pier Paolo:

de vez en cuando hablabas de tu angustia. La que Alberto llamaba aburrimiento, por lo que a él le concernía. Ahora bien, ¿aburrimiento y angustia tienen algo en común? El aburrimiento de Alberto era una especie de melancolía vaporosa que desaparecía cuando aparecían las historias. Le gustaba escucharlas y contarlas. Y los que estaban a su alrededor se sentían fascinados por su voz que encadenaba historias jocosas o dramáticas, pero siempre vistas con un cierto distanciamiento y una cierta ironía que tú tildabas de ariostesca.

Tu angustia, en cambio, era violenta y absoluta y te traspasaba como una espada.

> No sé si puedo volver a la superada
> angustia, y por qué nuevo camino,
> si recrudecer la razón a un odio

escribes en una poesía que se titula *Al sol*, de 1960.

> Gritaría, herido
> por no sé qué dolor. Oscuro
> dolor, como el de antaño.
> Y por eso mítico e impuro.
> Solo la tristeza de un día enemigo
> me une a esta gran vida muerta:

Qué extraño ese oxímoron: una vida ¿puede ser muerta? Entiendo el *lucus a non lucendo* de la frase, que remite a Góngora y a sus osadas sutilezas barrocas, pero estoy segura de que tu angustia era sincera y muy profunda. Basta con leer ese franco y audaz escrito tuyo que se titula *Actos impuros* para entender lo largas, profundas y articuladas que eran las raíces de tu angustia.

De la discreción casi obsesiva, de la introversión tozuda e insistente que te habitaban, a veces salían explosiones de verdad tan crudas que nos hacían temer por ti, por las consecuencias que tendrían.

En algunas ocasiones, tu valentía no conocía límites. Eras temerario en los límites de la inconsciencia, imprudente hasta el desafío más audaz.

Recuerdo aquella vez que, en Lagos, dos policías te trajeron al hotel a las dos de la madrugada porque te habían encontrado mientras paseabas acompañado por unos pequeños delincuentes por el barrio más pobre y peligroso de la ciudad. Nos sacaron de la cama para entregarnos lo que ellos denominaron «un compañero vuestro de viaje loco, quizá borracho, de todas formas, un inconsciente». Según ellos, te habían salvado de un atraco brutal y quizá incluso de la muerte.

En realidad, no podías estar borracho porque no bebías alcohol de ningún tipo.

¿Y te acuerdas de aquella otra vez en la que un chiquillo levantó contra ti una crucecita de hierro que llevaba colgada del cuello? No es que quisieras violarlo. Nunca fuiste violento, salvo con las palabras. Solo lo querías acariciar, como hacías siempre. Pero él se asustó y fue a denunciarte a su padre, que llegó amenazador con un hocino en la mano.

Todo esto nos lo contaste más tarde. Sabías que habías arriesgado tu vida, pero no te importaba. El chiquillo, como te contaría después un compañero suyo más adulto, había sido violado por un primo o por un hermano, no recuerdo bien, que lo dejó sombrío y reactivo a cualquier cuerpo de hombre adulto que se acercara demasiado al suyo.

Tú no habrías forzado jamás un cuerpo infantil. Al contrario, querías que ese cuerpo te deseara. Era ese el placer que te deleitaba y, al mismo tiempo, te provocaba unos terribles sentimientos de culpa.

Pero una voz en ti te absolvía cuando te decías que la tuya era una dulcísima tentación carnal, que encendía un placer instintivo, natural, nunca impuesto. Esa era tu estrategia. Lo escribiste con tu acostumbrada y sincerísima audacia en ese libro doloroso, cruel y despiadado hacia ti mismo que es *Petróleo*.

El crecimiento en la búsqueda del propio placer a través del placer ajeno es posible trazarlo perfectamente partiendo de *Actos impuros*, siguiendo con los relatos de *Amado mío* y llegando, a través de la lectura de tus bellísimas poesías, al implacable *Petróleo*.

«Yo le pediré a Dios que me autorice a pecar», escribes en una página de tus *Cuadernos rojos*, y sigues: «Sería una ingenuidad monstruosa si no fuera tan humana. Estoy cansado de ser tan intocablemente excepción, *ex lege:* está bien, mi libertad la he encontrado, sé cuál es y dónde está. Lo puedo decir desde la edad de quince años, incluso antes…».

Pedías, con una humildad conmovedora la autorización a ser tú mismo, pero ¿a quién se la pedías, Pier Paolo, si Dios era para ti una posibilidad lejana y desconocida?

> Y estoy aquí solo como un animal
>
> Sin nombre, por nada consagrado,
> A nadie perteneciente,
> Libre de una masacrante libertad.[1]

En el fondo, dolorosamente, considerabas culpable a tu eros. El amigo Roberto Pazzi, con su voz sonora, me dijo un día que tú siempre sentiste que tu vocación homosexual era ilícita porque en lo más hondo eras más católico que uno que se ha hecho cura.

Pero yo creo que no es así. Creo que, como laico, como persona consciente y responsable, tú tenías el temor de herir un cuerpo que todavía carecía de control sexual y por lo tanto era maleable e indefenso. Por eso, porque eras delicado de ánimo y

1. «La realidad», *Poesía en forma de rosa*, p. 42.

atentísimo a los demás, siempre tuviste dudas feroces sobre tu sexualidad orientada hacia los jóvenes cuerpos masculinos y considerabas que esa sexualidad merecía drásticos castigos. Y de este modo, para prevenir los castigos que no llegaban de otras personas, te los imponías tú solo, aunque a veces eras presa de un amago de rebelión como le sucedería a un inocente traicionado. Y esto marcó y distinguió tu amargo y contradictorio carácter.

> Y...
> Mis amores de pura sensualidad,
> como un eco repetidos en los valles sagrados de la libido,
> sádica, masoquista, los calzones
> con la alforja tibia
> donde está marcado el destino de un hombre
> –son actos que yo llevo a cabo solo
> inmerso en el mar maravillosamente agitado.
>
> Poco a poco los miles de sagrados gestos,
> las manos encima de la tibia hinchazón,
> los besos, cada día en una boca diferente,
> cada vez más virgen,
> cada vez más cercana al encanto de la especie,
> a la norma que hace tiernos padres de los hijos,
> poco a poco
> se han convertido en monumentos de piedra
> que a millares inundan de gente mi soledad.[1]

Tu sinceridad, Pier Paolo, es conmovedora y revela tu lealtad a una cruz a la que te clavaste solo, y esos clavos terribles siguen estando ahí, torturándote la carne mientras le pides a un padre omnipotente un perdón que no llegará.

1. «Las bonitas banderas», *Poesía en forma de rosa*, pp. 128-129.

Querido Pier Paolo:

justo mientras estoy haciendo las últimas correcciones a las cartas que yo te estoy escribiendo, me ha llegado un regalo muy bonito: el libro que recopila todas las cartas que escribiste desde 1940 a 1975, el año de tu muerte. Hay una parte de tu vida en la que todavía no nos frecuentábamos, que me es desconocida. Está hecha de experiencias, dolores, pobreza y afectos, de los que alguna vez me hablaste, y se desprenden de las cartas con una extraordinaria viveza.

Antonella Giordano y tu primo, Nico Naldini, se han encargado de la edición y de la recopilación. Un trabajo enorme y desde luego difícil y arduo, pero muy importante para entrar en tus palabras cotidianas, en tu ansia de entender y hacerte entender. Tus amores juveniles, tus puntos de referencia, tus descubrimientos, tus relaciones familiares, hay de todo en este volumen y aunque pese muchísimo, me lo he llevado de viaje y lo he leído ávidamente, marcando las páginas que más me interesan.

Una carta a Franco Farolfi, enviada desde Casarsa en junio de 1943, ha atraído mi atención porque hablas del tiempo y, en este momento, la cuestión tiempo me inquieta y me atormenta.

Tú hablas del tiempo que pasa, y tienes apenas veinte años, pero ya sientes una dolorosa nostalgia por los años de la adolescencia. «Tener veintiún años: es una maravilla, una ducha fría a la que no consigo acostumbrarme. Toda la vida ha cambiado, ya no somos adolescentes; ahora estas caras nuestras, estos gestos nuestros son los definitivos; los nuestros, entre los infinitos que habríamos podido y esperado tener.»

Es curioso, que un veinteañero experimente ya tanta amargura al observar el tiempo que pasa, con la añoranza de una adolescencia perdida. Es algo que suele sucederles a quienes empiezan a envejecer y desde luego después de los cincuenta años. Pero tú pareces embargado por la nostalgia. «¿Te acuerdas de cuando estábamos en el instituto, por las calles emilianas?... Y ahora estamos aquí también nosotros recordando y añorando, cosas míseras que yo despreciaba en los demás, como si fuera algo que a mí no hubiera de sucederme nunca, a mí, eternamente muchacho.»

Pero ¿qué es lo que te ha atado tanto a la adolescencia, tanto como para ver el futuro de un veinteañero casi como una condena?

«Este vivir es un perpetuo, doloroso asombro», escribes ese mismo año a Sergio Telmon. «Los paisajes horrendamente detenidos en el curso precipitoso de nuestra vida nos envejecen con el peso de aquel muchacho que fuimos, que ha pisado esta tierra, ha descansado en esta gleba. Los hombres son una ciénaga en la que nos hundimos.»

La memoria para ti, Pier Paolo, ¿ha sido una salvación o un cuchillo que se va clavando y clavando en la llaga de la nostalgia? Yo que soy mucho más vieja que el Pier Paolo de entonces, ¿qué debería hacer?, ¿enterrarme viva? Por carácter, me siento llevada a aventurarme en un futuro lleno de sorpresas, aunque breve. ¿Se trata de temperamento o de visión del mundo?

«Pase lo que me pase, seré feliz, porque yo quisiera permanecer inmóvil en estos días, en esta edad, en esta infelicidad. En cambio, los días pasan bajo mis pies sin tocarme, más parecidos a las sombras de las nubes que pasan sobre las piedras del río Tagliamento.»

Pero yo he conocido también a otro Pier Paolo que, como dices más adelante, «En determinados momentos, si no caigo en una especie de embrujo o locura, tengo que darle las gracias a mi índole que por naturaleza es sana, serena y alegre».

Yo he conocido a ese Pier Paolo de índole serena y alegre, sobre todo cuando viajábamos juntos.

Querido Pier Paolo:

aquí sigo con la recopilación de tus cartas y me asombra que no haya una verdadera correspondencia con tu amada Maria, que llamabas «pajarillo de potente voz de águila y águila temblorosa».[1] No sé si ella destruyó sus cartas o tú le escribiste verdaderamente poco. Una sola larga y tierna carta parece escrita en 1969 pero hablas de angustia.

Era verano y tú estabas rodando *Medea*. Evidentemente Maria se había mostrado descontenta porque se sentía «usada» como dices en la carta. «Es terrible ser usados, pero también usar» explicas con espíritu filosófico. «El cine está hecho así: hay que quebrar y hacer añicos una realidad "entera" para reconstruirla en su verdad sintética y absoluta, que la vuelve entonces más "entera" todavía». Y añades con ternura: «Tú eres como una piedra preciosa que se hace añicos con violencia en mil esquirlas para poder ser reconstruida con un material más duradero que el de la vida, es decir, el material de la poesía».

Es muy sugestivo lo que le dices. No intentas consolarla por ese sentirse usada, sino que intentas hacerle entender la técnica cinematográfica, que puede ser brutal, pero tiene una tarea específica y es la de transformar la carnalidad en fantasmagoría y mito.

«Yo hoy capto un instante de tu fulgor, y tú habrías querido habérmelo dado todo. Pero no es posible. Cada día un resplandor, y al final se tendrá toda, intacta, la luminosidad.»

1. *Trashumanar y organizar*, p. 176.

Y justificas tu silencio: «Está, además, el hecho de que yo hablo poco, o que me expreso en términos un poco incomprensibles. Pero no hace falta mucho para ponerle remedio: estoy un poco en trance, tengo una visión, o mejor, visiones, las "Visiones de la Medea": en estas condiciones de emergencia tienes que tener un poco de paciencia conmigo, y sacarme las palabras con la fuerza».

En efecto, a veces era difícil sacarte las palabras. Eras por carácter tímido, silencioso y cerrado. Aunque luego, cuando menos te lo esperabas, salía el razonador confiado, el confidente alegre.

Querido Pier Paolo:

aún sigo aquí con el volumen de tus cartas en la mano. Son muchas y tienen que ver con épocas de tu vida que conozco poco. Tus amigos de juventud, la tan amada Silvana. Los primeros descubrimientos de un eros que todos consideraban reprobable y que, por lo tanto, había que condenar: pero ¿se puede condenar lo que nos sale espontáneo y se vive con inocente candor?

Está el amor por el padre, que luego se transforma en rencor en el momento en el que vuelve de la cárcel y se pone a beber y a maltratar a su mujer, tu madre. Está la cercanía y el afecto de discípulo hacia Gianfranco Contini, tu amistad controvertida con Italo Calvino, tu relación de amor y rechazo hacia Casarsa, las difíciles relaciones con el Partido Comunista.

Pero sin duda la carta más conmovedora es la que le dedicas a tu hermano Guido, muerto por mano amiga. «Ahora que sé que tú estás muerto me parece que te conozco de verdad; y sé qué quiere decir el nombre hermano. Todo nuestro pasado me vuelve al corazón, ahora como si fuera perfectamente verdadero, ahora como si fuera un sueño.»

Le cuentas de vuestra madre que ha gritado mucho y luego se ha desplomado y «ahora está aquí, sentada, y calla. Si tú la vieras, ¡cómo la reconocerías!». Le hablas del infinito dolor que la ha transformado y marcado para siempre, aunque, insistes con amor, mamá «sigue siendo nuestra jovencita, con su amadísima cara de por las mañanas, cuando todavía no se ha arreglado y se ajetrea y se fatiga por la casa».

Era casi imposible para ti separar tu dolor del dolor de tu madre. Pero también te reconvenías por no haber entendido la determinación de tu hermano: que se fue deprisa, con un revólver en la maleta, para ir a combatir con los partisanos. Te reprochas haber estado «completamente perdido, dentro de mi vida, aferrado a mi sueño de siempre» y por ese motivo no haberlo «vigilado con más decisión». Pero, insistes, probablemente no habría servido porque cuando se trataba de arrebato patriótico y pasión civil, Guido «estaba ciego».

En fin, con tu habitual y extraordinaria capacidad de desdoblarte, por una parte, le reprochas su ingenuo idealismo, por la otra, lo exaltas por su valor y sus ganas de combatir por la libertad del propio país.

«Durante un año, allá arriba, en los montes, combatiste por esa patria que te enseñó nuestro padre y por esa libertad que te había enseñado yo.»

Y con una pequeña crueldad fraterna le dices que nunca sabría nada de su muerte, porque la violencia que se lo había llevado pertenecía ya a los vivos. Y aquí te indignas recordándole: «Tú no has sido asesinado por los alemanes o por los fascistas: sino por aquellos que habría sido lícito llamar amigos... Gentuza, desde luego, sin claridad interior, sin patria, movidos a combatir por puro egoísmo». Y le preguntas con dolor y conmoción: ¿dónde estás ahora y cómo has muerto? Las mismas preguntas que yo ahora te hago a ti, Pier Paolo, ¿no es extraño?

Por último, le recuerdas que mientras tú envejeces, él seguirá siendo para siempre ese jovencito ágil y guapo, lleno de entusiasmo y de proyectos para el futuro que no se puede no amar.

Qué alegría haber recibido la totalidad de tus cartas precisamente mientras estaba acabando mi libro hecho de sueños y de recuerdos. Yo te conocí cuando ya tenías más de cuarenta años y nos frecuentamos hasta que moriste. Las cartas me hablan de un Pier Paolo que entra en el mundo con un salto felino y sigue con su espíritu lleno de sorpresas y de azares.

Querido Pier Paolo:

te definiste como un «pajarillo friulano» y yo encontraba que en esa definición minimalista había mucho de ti. Un pajarito dotado de alas poderosas pero nostálgico de un nido que durante toda la vida se quedó encajado entre los ramos de un magnífico árbol friulano. ¿Un haya, un pino, un arce?

«Ostia, o Bombay, –es todo lo mismo–», escribes y sé cuánto te gustaba viajar. Teníamos una pasión en común. La mía heredada, sin duda, de una abuela inglesa que ella sola, mochila al hombro, se iba de viaje por el mundo a principios del siglo pasado; la tuya, de un padre militar que estaba obligado a cambiar de ciudad cada puñado de años.

Me acuerdo de tu feliz sorpresa al descubrir la arcaica y bellísima ciudad de Saná que había permanecido intacta como un pequeño paraíso antes de la caída; rica, como decías tú, de su inocencia primordial, de sus pequeños rituales campesinos, de su airosidad arquitectónica: las increíbles y atrevidas casas hechas de ladrillos de fango, pintadas con colores radiantes, y decoradas por encajes blancos dibujados en los bordes de los tejados.

No había hoteles, en aquella época, en todo Yemen, y tuvimos que acampar en un enorme depósito militar, donde dormíamos todos juntos en camastros de tela, defendidos del fresco nocturno solo por una áspera manta gris, lavándonos en un único baño donde no corría sino un reguero de agua fría.

Pero a ti aquellas incomodidades no te molestaban, al contrario, te entusiasmaban, como si hubieras descubierto un lugar del mundo todavía indemne de la «corrupción capitalista». Un pequeño país precioso por su maravillosa fidelidad a un mundo campesino de una utopía perdida.

Tú llamabas «horrible lepra» a la que se estaba comiendo las bellísimas ciudades de nuestro pasado, desfiguradas por el cemento y por el plástico, privadas brutalmente de toda delicadeza artística y de toda dignidad estética, para perseguir la estúpida y vulgar codicia de un dinero equiparado al poder. Pero quizá no era ni siquiera eso, era el fetichismo de la modernidad a toda costa lo que te exasperaba. Una modernidad que se identificaba con la muerte de la espiritualidad. Una grosera aceptación de las comodidades vinculadas a la propiedad de cosas y personas.

¿Te acuerdas de las comidas sobrias en el comedor del cuartel yemenita? ¿De aquel arroz cargado de especias en el que encontramos moscas muertas? ¿Y qué hacer? ¿Tirar el arroz preparado amorosamente y servido en la mesa por una chiquilla con los pies descalzos? Quitamos las moscas y nos comimos el arroz. Para compensar, el té era buenísimo, quizá demasiado dulce, pero intenso y perfumado.

¿Te acuerdas de la visita a aquel patio que tenía unos arcos altísimos color de yeso en el que a un caballo blanco lo desposaban con la luna, según un rito antiquísimo, en una noche serena turbada por el sonido de cañones lejanos? Por alguna parte se guerreaba. Pero nosotros casi no nos dábamos cuenta. La vista de aquel caballo blanco que trotaba cándido y solitario en el patio iluminado por la claridad de una luna llena nos pareció como una visión fantasmagórica. Un sueño con los ojos abiertos.

La pequeña gran ciudad medieval te embrujaba. Era como si tú hubieras encontrado la concretización de tu sueño nostálgico de un pasado que te obstinabas en considerar ingenuo y, por lo tanto, puro.

Alberto abrigaba alguna duda. Según él, la Edad Media no era en absoluto inocente y pura, y además, la ingenuidad campesina no carecía de astucias, de violencias y brutalidades. Tú no negabas la verdad de esas palabras, pero insistías en que el mundo arcaico y pobre bien podía ser violento y cruel pero, en compensación, carecía de ese carácter que considerabas el máximo de la maldad en la que estábamos inmersos: la vulgaridad.

Pero ¿qué entendías por vulgaridad? ¿Qué encontrabas ofensivo y repelente en el modo de estar en el mundo de los burgueses que te envenenaba la sangre? Entonces no lo entendía, hoy pienso que por vulgaridad tú te referías a una herida profunda a la sacralidad del ser humano. La tuya era una bofetada a la cultura mercantilizada que reduce el hombre a mercancía, quitándole dignidad e integridad. Algo que tu espíritu, que abría las alas en cada despertar, rechazaba como indigno de ser vivido.

Pensamientos sobre los cuales Alberto había reflexionado y escrito. Y tú le reconocías una forma de paternidad. Aunque no amaras a los padres; si acaso, Alberto era para ti un hermano mayor. Tan distintos y tan cercanos en la antipatía visceral hacia la vida vista como medio en vez de como fin.

La vuestra era una relación de solidaridad profunda, de estima y de unidad para construir un futuro común. No es una casualidad que decidierais comprar una casa juntos, donde proyectabais pasar muchos veranos, nadando en el mismo mar, paseando por la misma playa, contemplando el mismo atardecer sentados en la terraza común: la casa de Sabaudia de la que no pudiste disfrutar sino un año y medio.

En aquella terraza discutíais serenamente: Alberto te hacía notar que, aun exaltando la pobreza humilde e inocente, tú te encontrabas perfectamente a gusto en una hermosa habitación con tu buena ducha dotada de agua corriente caliente y fría, te encontrabas a gusto en el Alfa Romeo con el que corrías a tus citas nocturnas, amabas el cine de Orson Welles, los cómodos zapatos de ante. ¿Cómo conciliar las comodidades de hoy con la nostalgia y la admiración por un ayer que carecía de agua corriente, de baños, de coches, de aviones, de cámaras y de aparatos fotográficos de los que te servías con tanto gozo y libertad?

Tú replicabas, justamente, que no puede condenarse la demanda de bienes esenciales para una vida decorosa de los pueblos pobres, pero que a menudo los gustos y los objetos de esta modernidad caían desde arriba, no eran una conquista sino una mímesis hecha de deseos inducidos más que de verdaderas necesidades.

Todo elogio de la pobreza que venga de un hombre rico, te respondía Alberto, resulta sospechosa. Pero tú te servías de una habilidad dialéctica cargada de emociones que desbarataba a cualquier adversario. Abrías inmediatamente tus alas pensativas y contestabas que los habitantes de los países pobres tienen una «naturaleza de aparición». Sostenías que la modernidad y el deseo de emancipación estaban destruyendo un mundo antiguo y real, para sustituirlo con un mundo completamente falso e irreal.

–Pero bueno, ¿qué entiendes por mundo moderno? –te apremiaba Alberto–. ¿No estarás tirando al niño con el agua sucia? En el mundo moderno, ¿no están también la penicilina, el final de la esclavitud, la conquista de muchos derechos civiles, la condena del totalitarismo religioso y la llegada de la democracia?

Tú lo mirabas sombrío, pero sin atisbo de ojeriza, y te empecinabas en decir que el mundo moderno estaba desfigurado por los horrores de la especulación y de la explotación. Lo demás contaba poco. ¿Cómo no darte la razón? A pesar de que tu identificación del hombre pobre con el hombre puro daba más razón a los místicos que al hombre racional con el que se identificaba Alberto, tu gran amigo fraterno.

La pobreza tú la llamabas «la gracia de los siglos oscuros». Aludías a esa Edad Media que tanto amabas y sentías afín por un idealista instinto sagrado.

Pues mira, al hacer mis investigaciones sobre Clara de Asís, he entendido mejor tus palabras. Lo que siempre me ha sorprendido de aquella época que tú llamabas feliz y pura, era su capacidad de transformar la realidad. Una capacidad visionaria casi delirante. Los burros volaban de verdad en aquellas cabezas nítidas y genuinas, las brujas volaban a los aquelarres montadas en escobas, los gatos negros entraban por los resquicios de las ventanas para imponer su patita diabólica en la frente de un pobre enfermo.

¿Era esto lo que te fascinaba? Quizá sí. La pureza de la que hablabas no tenía que ver con la moral o la ética social, sino con la capacidad de salir de las angosturas de lo verdadero, para entrar en el mundo fantástico y purísimo de la invención y de la fosforescencia psicológica.

¿Te acuerdas, siempre en Saná, de la niña divinizada, sentada en lo alto, dentro de una especie de vitrina de madera labrada, con las piernecitas cruzadas en un elevado cojín de seda roja? Era precisamente esa capacidad de convertir a una niñita que carecía de cualquier experiencia en la encarnación de una divinidad omnipotente lo que te conquistaba. La gracia de una infantil perfección, la fe en la potencia inmaculada de la imaginación, solo eso, según tú, podía ayudar a un pueblo en el difícil arte de resistir al horrible y mutilador suplicio de la vulgaridad.

Sólo comprendo una cosa: que está a punto de morir
la idea del hombre que aparece en las grandes mañanas
de Italia o de la India, absorto en un pequeño quehacer
con un pequeño buey, o un caballo enamorado de él, en un pequeño
recinto, en un pequeño campo, perdido en la infinidad
de un arenal o un valle,
sembrando, arando, o recogiendo en el vergel
de junto a casa, o la cabaña,
las diminutas manzanas de la época entre el verde de las hojas
convertido ya en herrumbre.[1]

escribías en *Nueva poesía en forma de rosa*. Sin darme cuenta, me has metido con pequeños tirones del brazo dentro de un cuadro de Van Gogh, donde los girasoles ríen y los campesinos con su sombrero en la cabeza siegan encorvados el grano maduro. Henos ahí sumergidos en el mundo campesino con sus inmensas fatigas cotidianas. Pero hay también una ternura visionaria que transforma dulcemente el grano en estrellas y los girasoles en divinidades que surcan un cielo desconocido.

1. *Poesía en forma de rosa*, pp. 157-158.

Querido Pier Paolo:

¿recuerdas aquel día en que nos paramos en un pueblecito del desierto africano? Llevábamos dos días viajando y comiendo latas y estábamos buscando algo fresco. En un ensanche entre las cabañas encontramos a un hombre vestido de harapos que vendía huevos.

Nos paramos. La carretera, que no era una carretera sino una pista, partía en dos el pequeñísimo pueblo que tomaba toda su sombra de un tupido mango con unas hojas lustrosas muy verdes y de dos bananos que parecían agotados por el calor y el polvo. El mango, probablemente, hundía sus raíces bastante en profundidad y encontraba el agua tan preciosa en aquellas zonas desérticas, mientras que los dos pobres bananos tenían pinta de sufrir la sequía tanto como las pequeñas familias con niños descalzos que jugaban en medio de la arena con la cara cubierta de moscas.

También las gallinas tenían un aire apagado, polvoriento. Los huevos que vendía el hombre vestido de harapos con un tocado de tela cochambrosa envuelta alrededor de la cabeza eran pequeñitos, y moteados como los huevos de pichón. Pero nos parecieron maravillosos en aquella pista que estábamos siguiendo, árida, pedregosa, sin rastro de verde.

Regateamos. Los huevos eran muy caros. Pero estábamos tan contentos de comer algo fresco que los compramos. Una docena de frágiles huevecitos que envolvimos cuidadosamente en pañuelitos de papel y nos marchamos con la intención de comérnoslos por la noche en una gran tortilla.

Algunas horas más tarde, cuando bajó rápida la oscuridad, nos detuvimos, encendimos un fuego, y nos dispusimos a romper los huevos. Y qué sorpresa: dentro estaban llenos de arena. Todavía recuerdo tu cara asombrada, la carcajada de Alberto.

Aquel hombre andrajoso con aire humilde y amable, había vaciado ingeniosamente los huevos con una aguja, y los había llenado de arena para que no fueran demasiado ligeros y luego había cerrado con cera los minúsculos agujeros causados por la aguja. Un trabajo tan bien hecho que no nos dimos cuenta del engaño. Y ya estábamos lejos. Pero, bien pensado, ¿qué habríamos podido hacer? ¿Pedirle que nos devolviera el dinero? ¿Reprenderlo? ¿Injuriarlo? ¿Tirarle los huevos rellenos de arena a la cabeza? Era muy evidente que nos engañaba por hambre.

Nos reímos juntos, ¿te acuerdas? Y parecía que pronto olvidaríamos el episodio gracioso y disparatado. En cambio, quedó entre nosotros como una memoria cómica y ejemplar de una cierta África industriosa, con invenciones asombrosas. Cuando alguien intentaba engañarte o timarte decías: ¿más huevos de arena?

No recuerdo si estaba también Ninetto. Me parece que no. No siempre venía a África con nosotros. No sé si había empezado ya a exigir su independencia. Que al fin estalló con su decisión de casarse con Patrizia, la delicada, amable, afectuosa e inteligente Patrizia. Yo entendía perfectamente su amor. Ninetto, a pesar de su aire ligero y mercurial, era un muchacho con la cabeza sobre los hombros, sabio de una antigua sabiduría popular. Y, a pesar del éxito y la amistad protectora de un famoso personaje, había permanecido humilde, juicioso y cuerdo. De hecho, en la edad en la que se suele formar un hogar, se enamoró de una dulcísima muchacha de orígenes humildes como él y quería casarse para tener hijos con ella.

¿Te acuerdas de que me pediste que lo disuadiera? Me acuerdo de tu cara apurada, tus bellísimos ojos encendidos. Estábamos en Sabaudia y tú estabas preocupado por las continuas ausencias de Ninetto que te había hablado sinceramente de su amor y de sus proyectos matrimoniales.

Tenías una pésima idea del matrimonio. Decías que se trata de un contrato vinculante que encarcela a las personas, decías que el vínculo desemboca siempre en el abuso y la prepotencia del uno sobre el otro.

Yo, en efecto, hablé con Ninetto, pero él estaba determinado y ni tus profecías sobre el futuro ni tus pérfidas ideas sobre la vida conyugal lo disuadían de formar un hogar con su amada Patrizia.

Y, de hecho, Ninetto se casó y tú te tragaste el sapo. Al primer hijo lo llamaron Guido, en honor a tu hermano; al segundo, Pier Paolo. Y tú aprendiste a respetar y a querer a Patrizia, como todos nosotros.

Sabías que nunca más tendrías la suerte de amar a un jovencito cándido y alegre como Ninetto. El cual, entre otras cosas, en tus manos de director, se convirtió en un actor excelente. Un muchacho que habría podido darse aires, jactarse, pretender, hacerse el divo. Pero el inteligente Ninetto nunca cayó en esa red. En su profunda sabiduría nunca intentó ser distinto de lo que es. Nunca abandonó el romanesco de los suburbios, la alegría de vivir, la curiosidad hacia un mundo considerado lejano e inalcanzable.

Siempre dispuesto a reírse, siempre dispuesto a hacer amistades, Ninetto dio luz y alegría a tus jornadas impregnadas de sentido de culpabilidad. Pero cuando te quedaste solo y más te sentías culpable de no conseguir amar, de no tener ganas de escribir, de acomodarte a la gloria y al éxito, más te entregabas a la desesperación de un sexo sin amor.

> Que me siento aislado como el condenado a muerte
> –y efectivamente, entre un amor en casas derrumbadas,
> malolientes y el amor en un retrete– entre un amor
> con dulces monas en manada cubiertas de camisetas
> con el velero de Saint-Tropez en la pechera,
> pantalones de dos mil liras, y un amor
> todo él acuerdos de humillantes intercambios, robos,
> olor de cuerpos y sexos no lavados –no me queda
> más que convertir mi poesía en objeto de ella misma.
> Dado que todo lo demás se mueve en la esfera
> de una muerte fea. La carne quiere sangre.[1]

1. «Creyéndome agostado», *Poesía en forma de rosa*, pp. 193-194.

Qué desolación este tormento tuyo sin fin. «Cargado de poesía y sin ser ahora ya poeta», escribías condenándote a una esterilidad que no te pertenecía pero que te deseabas para castigarte por estar en el mundo. Si la memoria no me engaña, me parece que fue Marlowe quien pronunció esta angustiosa frase: «¡Oh, la terrible culpa de ser un hombre!».

En cierto sentido hiciste tuya esta frase, Pier Paolo, no sé si leíste nunca a Marlowe. El teatro te interesaba poco, hasta que te viste obligado a estar en casa por el ataque de úlcera perforante y escribiste cinco textos teatrales con la velocidad nerviosa y apasionada que te era propia. Pues bien, Marlowe se te parecía en muchos aspectos. También él, en continua búsqueda de un sexo parecido al suyo, fue considerado libertino y condenado por los biempensantes de su época. Murió a los treinta años en una pelea, en una tasca londinense. Sus versos fueron reconocidos y amados tan solo después de su muerte.

A propósito de la lectura, tú declaras:

> Muchacho de malas e ingenuas lecturas
> que escribe por venganza (contra sí)
> y ofrece un cuerpo de mártir a los indiferentes.

Era tu ofrecer un cuerpo de mártir a los indiferentes lo que me inquietaba y me sigue inquietando todavía. Por una laberíntica e intrincada lógica, tu cuerpo joven, deportivo, ágil, bello, se ofrecía martirizado. Pero ¿martirizado por quién?, ¿por qué?, ¿y por qué?

La sibila en la cueva habría dicho, y con los ojos cerrados, que el torturador de aquel cuerpo eras tú mismo, y que el martirio te infligía infinitas penas, pero también una especie de asombrado y orgulloso placer.

> Superviviente de los retretes de Messina, de las cashbas
> de Catania, arrastro conmigo la muerte mientras vivo.[1]

1. «Me salvo así», *Poesía en forma de rosa*, pp. 195-196.

Tú jugabas cotidianamente con la muerte. Que te deseabas como justo y terrible castigo de estampa bíblica por tus culpas, pero al mismo tiempo esa dulce muerte, niña y madre, esa pequeña muerte con los zapatitos rojos que saltaba contenta en las arenas de un litoral marino, esa muerte se transformaba en un niño alegre y hambriento de amor que, sorpresa de las sorpresas, cuando te acercabas para besarle las mejillas sonrosadas y felices, descubrías con estupor que no era nadie más que tú mismo. Un niño que ya se había convertido en un niño de piedra. Y, aun así, ese muertecito embalsamado y tiernísimo estaba encerrado en ti, como en el vientre de una madre paciente, ferozmente celosa, pero siempre capaz de suscitar las delicias de los sentidos.

Querido Pier Paolo:

he vuelto a soñar contigo, otra vez. Corrías de nuevo por las dunas de Sabaudia, como en el sueño que ya he contado, con el abrigo que te revoloteaba entre las piernas, el pelo encrespado por el viento. Te he llamado, pero no me has contestado. Es probable que mi voz haya sido arrastrada quién sabe dónde por la brisa marina.

Parecías en fuga, pero se entendía al mismo tiempo que estabas a gusto, en medio de esa naturaleza poco controlada por el hombre. A ti te gustaba todo aquello que no era disciplinado y regulado. No amabas los jardines a la italiana, los árboles reducidos a meros expedientes de belleza, no amabas los parterres, los parques bien peinados, las floreras, todo lo que expresaba la coacción de una mano dueña y señora. Las dunas de Sabaudia eran salvajes, como han estado siempre durante milenios, las cuidaban el viento y la furia marina. La suerte ha querido que el cemento les haya perdonado la vida porque, salvo la parte destinada a las construcciones, estaban reservadas a maniobras militares.

Siempre has tenido una predilección por los ambientes no trabajados, no controlados, no dominados, no reconstruidos, no sometidos. Y esto hace entender tu carácter profundamente rebelde y anticonformista; aunque, como escribes en una carta a Elsa, «siempre he estado apartado, confundido y perdido». Era evidente tu querer sustraerte a todo orden preconstituido, a cualquier proyecto de formación colectiva y racional.

Esta predilección hace entender también tu amor por los países más arcaicos y pobres como la India, Yemen, África. Huías de los itinerarios turísticos, de los grandes hoteles internacionales, de las carreteras asfaltadas por las que se mueven los turistas en coches robustos y bien equipados. Y, en efecto, nosotros elegíamos siempre los recorridos no batidos que llevaban a las aldeas de los interiores, corriendo por pistas sembradas de baches, piedras y polvo.

Aun así, en aquellos coches robustos y bien equipados que tú despreciabas, Pier Paolo, íbamos también nosotros. Y no habrías aceptado montarte en un camión que tosía como un asmático, que se encaramaba lento y con los neumáticos desinflados por las dunas, deteniéndose de vez en cuando para recuperar el aliento como un viejo camello muerto de sed y de cansancio. Nunca habrías aceptado sentarte en la cima de una montaña de sacos, en equilibrio y a punto de caerte, durante horas y horas bajo un sol de justicia, para hacer pocos kilómetros y quizá tener que bajarse a empujar el carromato demasiado cargado que se hundía con sus ruedas viejas y remendadas en la arena blanda.

Nosotros íbamos en aquel robusto y rápido Land Rover que consumía litros y litros de gasolina, con un chófer africano que conducía cantando y nos adentrábamos, sí, en aquellas tierras inhóspitas, es verdad, pero con nuestras buenas botas antivíboras, nuestros sombreros de tela, nuestras camisas deportivas, nuestras comidas en lata, nuestras máquinas fotográficas. Desde luego, no como invasores, las armas no nos concernían, pero sí como ricos extranjeros que meten las narices en la pobreza ajena. Quizá para testimoniar en su favor, para contar su pena. Pero con toda la simpatía y la comprensión por aquella pobreza, nosotros nos quedábamos en un lado con nuestras comodidades y ellos en el otro con su miseria y su hambre.

¿Te acuerdas de aquel niño que vimos caerse de bruces en un fuego recién apagado? No sé si se había desmayado por el hambre o si incluso estaba muerto. Nadie se preocupó de levantarlo.

Tenía los bracitos y las piernecitas esqueléticas y la tripa hinchada como les pasa a menudo a los niños desnutridos. Lo sé porque también a mí, cuando estaba en el campo de concentración japonés y no tenía nada que comer, se me infló la tripa por los parásitos, mientras las piernas y los brazos estaban esqueléticos.

Estuvimos de acuerdo en no fotografiar a aquel pequeño africano moribundo. Habría sido un acto de cinismo imperdonable.

A propósito de niños, me vuelven a la cabeza tus afectuosas polémicas con Elsa, cuando te ponías nervioso por las palabras de confianza que tu amiga dirigía a los niños que salvarían el mundo. La reconvenías con dulzura porque contaba «fábulas», porque no conocía, en su idealismo, el desinterés, el «*qualunquismo*», lo pasotas que eran los jóvenes. La llamabas tiernamente Mirmir, Mirmichedda, pero al mismo tiempo le anunciabas que

> En la pocilga no hay demanda de mercado,
> se hacen oídos de mercader a la abuela-niña.
>
> La abuela-niña que no tiene canas ni vilano,
> pronuncia enormidades contra la sociedad
> Con mucho respeto, como es habitual con las Señorías y las Excelencias.[1]

Aquí, de verdad, das unas volteretas admirables, Pier Paolo, pero un poco inquietantes. ¿Qué te molestaba del pensamiento de la abuela-niña sin vilano? ¿Y qué es el vilano? He ido a mirar en un diccionario y he encontrado que se trata de una «Corona de filamentos largos y finos que rodea las semillas de muchas plantas compuestas y les sirve para ser transportadas por el viento».

¿Por qué acusas a Elsa de respetar sobre todo a sus Señorías y a sus Excelencias? ¿Y qué entiendes por Señorías y Excelencias? Aunque luego le das la vuelta al pensamiento, y la Gracia que le quitas una línea antes, se la regalas una línea más abajo.

Y poco después la acusas de ser la maestra del azul de Prusia, aunque «tan poco prusiana».

Eres críptico como nunca. ¿Qué era lo que de verdad le echabas en cara a la maestra del azul de Prusia, a la abuela-niña llamada Elsa? ¿Haberse enamorado de un jovencito americano llamado Bill Morrow, que era guapo como un querubín, pero hijo de ricos y adicto a la droga? Pero Bill era homosexual, o por

1. «El mundo salvado por los niños», *Trashumanar y organizar*, p. 38.

lo menos convivía con un chico, pero se enamoraba también de las mujeres, en este caso de una abuela-niña, sin canas ni vilano.

Tú dices que estás «acurrucado, diligente descifrador» en las rodillas de la abuela-niña, y por lo tanto la consideras un poco madre, aunque abuela; estoy intentando seguir tus revuelcos verbales, Pier Paolo, y me siento ligeramente en peligro, arriba, en la cuerda floja, me basta echar una mirada hacia abajo para sentirme paralizada por el miedo a caerme. No hay redes de protección, solo el vacío, pero tú eres un maravilloso acróbata y para ti el vacío es solo atracción, juego. El peligro lo desafías como desafías a la muerte.

> Maravillosa Elsa
> ¡un momento, un momento!
> ¡CUÁNTA CARIDAD EN TU FALTA DE CARIDAD![1]

No recuerdo cómo se tomó Elsa tu poema. Te quería demasiado y te conocía tanto como para no sorprenderse. En otra parte de la larga poesía le atribuyes la «creación de Ninetto» pero al mismo tiempo la regañas por haber hecho «un poco vacante» el punto central de su poema dedicado a los niños.

Sostienes, siempre dirigiéndote a la amada y criticada Elsa, por la teoría que tú llamas de la Metahistoria, que «es fácil escandalizar a los Burgueses, menos fácil resulta escandalizar a "Todos"». Y «el Pazzariello escandaliza a "Todos"».

> Por lo demás, guárdate de aliarte, a pesar tuyo,
> con los auténticos viejos literatos: católicos e incluso laicos;
> en la Cruz o en Croce, cuánta estúpida irracionalidad.
> Tapa la boca a los Bellosletristos.[2]

¿Puedo preguntarte, Pier Paolo, quiénes eran los Bellosletristos?

1. Ibidem, p. 42.
2. Ibidem, p. 47.

Querido Pier Paolo:

anoche estaba tan cansada que dejé la carta en el aire con una pregunta. He soñado que te reías por lo bajo. Sonreías a mi pregunta sobre los Bellosletristos. Pero no me has dado una explicación. Como si me estuvieras diciendo: intenta entender, tontina, que vas por el camino equivocado.

He ido a mirar y he encontrado que la palabra fue inventada por Giosuè Carducci que llamaba *Bellettristi* a «Quienes se deleitan de estudios literarios o hacen de ellos una profesión con gusto estetizante y con más presunción que mérito: de todos estos sacerdotes Bellosletristos, ninguno emerge».

Pues ¿sabes que al releer tu poesía dedicada a Elsa me mareo un poco por tus incesantes volteretas sobre la cuerda floja? Estoy sorprendida y admirada de tu capacidad de bailar con las palabras.

Claro que, siguiendo con la lectura, entiendo que tu afecto por Elsa era profundo. En general has estado muy unido a tus amigos del corazón. Recuerdo que una vez le escribiste a Silvana «Con todo lo malo que he dicho de ti, puedes aceptar ahora este pequeño elogio: yo el inconstante, el politeísta, el nómada, el libertino, soy muy fiel a los afectos».

Pero ¿qué le echabas en cara a la amiga Elsa, con toda la prudencia y la ternura con la que te diriges a ella? ¿La querías más cercana a ti, más cercana en tus sueños y en tu deseo de esos cuerpos de muchachos que te fascinaban en su puro existir?

> Nuestros cuerpos, Elsa, trapos mojados, malamente calientes
> bajo la ropa que tantas veces nos hemos visto,

ya putrefactos en el sueño de las noches romanas;
tu melena sobre tus ojos miopes.

Los zapatos, los chaquetones, las pieles, ay
–aunque nos sepamos salvados por los niños–
que doblan riendo la esquina de la calle
y desaparecen, con nuestras inútiles almas, desaparecen.[1]

¿Cómo decir mejor la amistad profunda que te ataba a Elsa, expresando al mismo tiempo el impulso calvinista que te empujaba a criticar sus ideas políticas?

Eres enigmático y principesco. Admirable en tu sufrida división entre el amor y la crítica.

1. «El mundo salvado por los niños», *Trashumanar y organizar*, p. 49.

Querido Pier Paolo:

hace unos días pasé cerca de tu casa de Chia. No me paré. Por otro lado, estaba cerrada y no había nadie que me pudiera abrir. He oído que está en venta, y lo siento mucho. Yo desearía que se convirtiera en la casa museo Pasolini, donde tus lectores pudieran ir a visitarla, para admirar tus cuadros, tus libros, tus papeles, algunos objetos que formaban parte de tu vida, y también contemplar ese jardín silvestre que te había enamorado. Aquel tajo que chorreaba de agua y culantrillos, aquel aire de *finis terrae* que te hechizaba. No es un lugar tranquilizador, es más, diría que es un poco inquietante, pero no hay nada de tu vida que no sugiera una inquietante belleza.

A mí me gustan mucho las casas museo. Recuerdo la casa de Tolstói que visité en Moscú, la Villa de Chamovniki. Dicho de esta manera hace pensar en una mansión de noble rico. En cambio, y me sorprendió mucho, se trata de una casa modesta, con las habitaciones pequeñas, rodeada de un jardín desnudo. La cama donde dormía el gran Lev está detrás de un biombo, y es una cama individual sin muchas pretensiones, con al lado una mesilla de noche de madera basta. La mesa del comedor, cubierta con un mantel de lino blanco, está puesta para la familia, con platos de cerámica, vasos sencillos, cubiertos de metal esmaltado. Su escritorio, por último, podría ser el de un empleado pirandelliano, con su tintero a la vista, unas plumas metidas en un vaso, el papel secante, un reloj, una flor.

Cuántas casas de escritores he visitado, siempre empujada por una curiosidad afectuosa, intentando entender mejor a los autores que he amado y admirado. La casa de Chéjov, la casa de Flaubert, la casa de Joyce, la casa de Emily Dickinson.

No fue una casualidad que Carmen y yo regaláramos el apartamento que Alberto nos dejó en herencia al Ayuntamiento de Roma. Y es un placer ver llegar a los estudiantes en grupo, curiosos y un poco atemorizados, que merodean entre los cuadros que elegimos juntos, entre los libros que leímos en común, entre los sofás en los que nos sentábamos contigo y con Ninetto para hablar de las nuevas películas que había que planear.

Espero que el Ayuntamiento de Chia se decida a comprar la casa y a ponerla a disposición del público. Hay muchos lectores tuyos a los que les gustaría conocer desde dentro los espacios que ocupaste con tu cuerpo lleno de vida y de talentos, antes de ser asesinado bárbaramente.

Querido Pier Paolo:

otro sueño brevísimo, nada más que una imagen de ti que, sentado en un tronco caído, me dices:

–¿Has visto las hormigas rojas?

He hecho zoom, como si estuviera mirando por el visor de una cámara de cine. He ampliado la lente en el tronco y, en efecto, he visto una fila de hormigas rojas que corría en riguroso orden, subiendo y bajando por las escamas rugosas que se levantaban a lo largo.

En cuanto he levantado la vista para decirte algo, tú ya no estabas, o mejor, tu cuerpo ya no estaba, porque el tronco seguía allí y he oído una carcajada. Era la de Ninetto, tan reconocible en su jocosa e infantil espontaneidad.

Me he despertado en medio de una noche negra y sofocante de calor. No estaba en África sino en mi cuarto romano, he encendido la luz para ver la hora; eran las tres, y me han entrado ganas de reír. En efecto, aquellas hormigas rojas nos divirtieron mucho, a costa de tu pobre operador.

Nos habíamos detenido a orillas de un ancho y pacífico río. Tú le habías pedido al cámara que bajara al lecho para grabar un recodo particularmente dulce, cubierto de una hierba de un verde azulado que brillaba al sol. Bajó. Empezó a rodar. Pero al cabo de dos o tres minutos, de repente lo vimos saltar por los aires como si le hubiera entrado un ataque de epilepsia. Soltando la cámara de cualquier manera, se puso a desnudarse deprisa, arrojando lejos la camisa, agitando los brazos mientras movía la cabeza, en un baile frenético e incontrolable.

Nosotros en la orilla, al principio nos sorprendimos, ¿te acuerdas? Parecía que se había vuelto loco. Luego nos entró la risa. La risa es contagiosa, como se sabe, y no conseguíamos pararnos. Por encima de tu risa silenciosa, resaltaban las carcajadas de Ninetto que se reía como sabe reírse él, con la alegría despreocupada y feliz de un niño en el país de las maravillas.

Pero un recuerdo tira del otro, como se suele decir de las cerezas. Intenta seguirme, como me seguiste un lejano día de los años setenta del siglo pasado. Era por la mañana, nos levantamos, salimos de unos miserables cuartitos con el tejado de paja para subir a nuestro Land Rover, y el chófer había desaparecido, ¿te acuerdas? Era un muchacho con el pelo rizado, alto alto, con dos brazos larguísimos y las piernas, en cambio, más bien cortas con respecto al cuerpo. Dos labios muy abultados y una sonrisa luminosa. ¿Dónde había ido a parar Amir? Teníamos que recorrer doscientos kilómetros sobre las consabidas pistas llenas de baches y de polvo.

Nos pusimos a buscarlo y por fin lo encontramos: estaba bajo un recortado y endeble banano hablando consigo mismo. Agitaba los brazos larguísimos y se reía. Nos acercamos y vimos que estaba completamente borracho. ¿Qué hacer? Lo agarramos por los brazos y lo llevamos al coche, pero él seguía riéndose y se tropezaba a cada paso. No estaba en condiciones de conducir.

Entonces tú dijiste: conduce tú, Dacia, eres la única que tiene el carnet de conducir C. Y era verdad, tenía el carnet de conducir para vehículos pesados que había querido sacarme antes de salir de viaje. Pero no había conducido nunca por el *toul ondulé* como se llaman aquellas carreteras africanas que, recorridas por pesados camiones, tienen el carril duro como la piedra y, sobre todo, deformado por pequeñas ondas que se suceden hasta el infinito.

Al principio iba despacio y me parecía que estaba metida en una batidora. Tú me explicaste que había que acelerar, encontrar la velocidad adecuada para superar aquellas ondas con velocidad. Tardé un poco, pero lo conseguí. El *toul ondulé* hay que tomarlo de cara, con rapidez, tomando carrerilla. Con el riesgo de salirse de la carretera, naturalmente. Sobre todo, cuando llega otro vehículo en dirección contraria. Cosa que sucede raramente por suerte. Pero todo se aprende y me sentí orgullosa de haberos llevado a salvo sin accidentes, aunque cuando llegamos a destino, hacia la tarde, estaba cubierta por un polvo rojizo que con el sudor de la tensión se me había pegado como una segunda piel a la cara, al cuello, a las manos.

Y por añadidura me dolía el brazo por la vacuna de la fiebre amarilla que me había puesto antes de salir. Pienso en estos días de pandemia, en las muchas vacunas que nos poníamos cada vez que salíamos para África. La vacuna para la fiebre amarilla era una cuchillada en el brazo, seguían la antipolio, la antidiftérica, la antitetánica y no recuerdo las demás. Eran muchas. Nadie protestó nunca contra las vacunas requeridas para los viajes a África. Nadie tenía miedo, aunque se sabe que las vacunas, como todos los fármacos, pueden tener efectos secundarios; pero el riesgo de la enfermedad es mayor que el riesgo de posibles efectos secundarios que son realmente infinitesimales. Y además, hay que reflexionar en términos de comunidad, no estás solo en el mundo y si viajas tienes que pensar en quién volverás a ver cuando regreses a casa y a quién podrías infectar.

Querido Pier Paolo:

Y un criado mezcla su swaili
al canto del pájaro que zurea y chilla a la vez,

escribías esa mañana en un bloc con la tapa de papel marmolado. La poesía la titulaste más tarde *El Graco.*

Por oposición, yo *conozco* y, además *quiero* la inutilidad de cada palabra.
Arrojaré (aparentemente) este manuscrito
en el lago Victoria, digamos, en una botella de Coca-Cola.
Así será extraordinariamente útil.[1]

Eres sibilino, pero yo sé que cada mañana salías al encuentro de tus contradicciones y te ponías en un rincón a escribir con esa grafía tuya veloz con las eles encadenadas.

Ese deseo de detener en el papel los pensamientos más vagabundos, era insistente en ti, sobre todo por la mañana. Y escribías.

Cómo quisiera volver a encontrarte bajo aquel árbol y mirarte escribir en el pequeño bloc que llevabas en el bolsillo. Un lápiz, un bolígrafo, para ti era lo mismo, sentado en una piedra, en el parachoques o en el asiento de un jeep, curvabas la espalda como un buen campesino que trabaja su tierra, y escribías. Tenías una capacidad de adaptación que se parecía a la mía. Yo,

1. *Trashumanar y organizar*, p. 58.

por haberla desarrollado en el campo de concentración japonés en dos años de terrores y de hambre; tú, en tus peregrinaciones por Italia siguiendo a un padre militar.

En esa idea de que la botella de Coca-Cola con tu «inútil» mensaje encerrado en ella se perdería está todo tu pesimismo y el disgusto por los objetos hechos en serie, por las bebidas envasadas, cuya publicidad se servía de lugares comunes e informaciones falsas, que luego se lanzaban al mercado internacional. Con la demasiado dulce y empalagosa Coca-Cola, tú condenabas todo un modo de vivir y de sentir que considerabas enemigo tuyo. Tus palabras en aquella botella no se salvarían, sino que, simplemente, se disolverían en la vacuidad de un mundo incapaz de recoger mensajes que no fueran publicitarios. ¿O acaso pensabas que, al introducir tus palabras en aquel recipiente conocido y amado por las masas, lo harías estallar?

Me vienen a la cabeza tus observaciones sobre la inutilidad de un pensamiento original. ¿Incluso si es bueno? Preguntaba yo. Y tú me contestabas que la bondad pertenece al demonio: «La maldad, en cambio, es divina, y, por ello, va mal», escribías en la bella poesía que se titula *Propósitos de ligereza*. Una respuesta que reproduzco póstuma, para que no se me acuse de que me acuerdo mal o de forma imprecisa.

Con aquellas palabras te mostrabas como ese provocador exquisito y resplandeciente que eres. Y no se podía no quedar fascinados.

¿Podías imaginar que la palabra bondad sería eliminada de la lengua hablada, para ser sustituida con desprecio por la palabra buenismo?

Pero tú insistes:

> La bondad es fábula, loca y deshonesta.
> La maldad es, a fin de cuentas, aceptación (pero honesta, sí)
> (es casual que sea conformista o rebelde).
> Digo aceptación de las Instituciones, con su divina vulgaridad.[1]

1. *Trashumanar y organizar*, p. 65.

Te divertías dándoles la vuelta a los lugares comunes, con un espíritu punzante que mezcla alegremente humildad y soberbia.

Nos has dejado tus palabras sonrientes y arcanas como un jeroglífico que hay que explorar, resolver. ¿Jeroglífico? ¿Enigma? Entramos en el campo de un Edipo con los pies heridos. Tú hablabas a menudo de Edipo. Quisiste rodar una película solemne, con una cadencia larga y ansiosa. Y es que, a menudo, te identificabas con el desgraciado rey de Tebas.

Seguías con los ojos y el corazón preocupado al pequeño Edipo, atado por los pies a una pértiga y transportado a lugares enemigos y extranjeros, abandonado en un bosque, para crecer salvaje y robusto y por fin, adolescente, llegar a la ciudad de Corinto.

La suerte, la de las profecías de tu amada Grecia, te empujaba a encaminarte, ya adulto y responsable, hacia la ciudad de Tebas. Desgraciadamente, en el camino de tu futuro, te topaste con tu padre, que no conocías, y lo mataste para castigarlo por su soberbia y arrogancia de macho y señor.

Después de lo cual llegaste a la ciudad de Tebas, donde encontraste a la Esfinge que te propuso una adivinanza que tú resolviste inmediatamente. Con ello, habías liberado la ciudad de un hechizo maléfico. Y así, Tebas, agradecida, te sube al trono y te da como esposa a Yocasta, que era tu madre, pero tú no lo sabías.

Concluida la profunda y enigmática historia de Edipo, que mencionabas a menudo, se entendía que de alguna manera la sentías familiar por destino además de por conocimiento literario. Pero también cercana por rítmica visiva, puesto que hiciste una película opulenta e inquietante.

Cuando Edipo descubre que se ha acostado con su madre, se ciega.

En tiempos modernos, Edipo no se saca los ojos, pero puede causarse una ceguera de los sentidos que lo castigue por el excesivo amor hacia la madre.

¿Podemos decir que buscabas convencer, de todas las maneras posibles, a aquel lejano niño ávido de leche materna, a aquel niño crecido tranquilo cazando animales salvajes en los bosques de Corinto, de que había madurado? ¿A aquel niño que se creía acunado por las Diosas del bien y de la salud?

¿Podemos sostener que buscabas convencer sinceramente a ese niño de que el mundo había cambiado, de que las Diosas se habían dispersado entre las nubes, de que la madre se había convertido en una mujer anciana, sin imaginar el horrible futuro que te estaba preparando el destino?

Querido Pier Paolo:

rebuscando entre mis libros, he encontrado un libro muy finito pero intenso con una entrevista tuya, firmada por Giuseppe Cardillo y publicada póstuma por Rosellina Archinto en 2005. La edición del librito es de Luigi Fontanella con quien impartimos un mes de clases en la Universidad de Middlebury en Vermont, en los años setenta.

Me doy cuenta de que las páginas están todas subrayadas, como suelo hacer cuando algo me interesa y me empuja a detener un pensamiento, algunas palabras.

Fontanella cita un retrato tuyo hecho por Oriana Fallaci en 1966 en una entrevista para el *Europeo:* «pequeño, frágil, consumido por sus mil deseos, por sus mil desesperaciones, amarguras y vestido como un chico de un *college*. Imagínate a esos tíos rápidos, deportivos, que juegan a béisbol y hacen el amor en los automóviles. Jersey color avellana, con el bolsillo de cuero a la altura del corazón, pantalones de pana color avellana, un poco estrechos, zapatos de ante con la goma debajo. No demuestra de verdad los cuarenta y cuatro años que tiene».

En este retrato hay mucho de Oriana y poco de ti. Me produce curiosidad la manera en la que te veía una mujer valiente, excelente periodista, y que, de alguna manera, tenía algo en común contigo, el instinto rebelde e indómito, el anticonformismo visceral, el deseo de guerrear, aunque fuera solo verbalmente.

Y aun así, en este retrato se diría que Oriana estaba más interesada por tu aspecto juvenil que por tu personalidad artística e intelectual. Es verdad que eras pequeño y parecías frágil, consumido por «tus mil deseos», como escribe Oriana, pero nunca hiciste pensar en un estudiante universitario norteamericano, a pesar de tu propensión por el deporte. Te vestías, más bien, como un chico de esos que te enamoraban, un golfo con el mechón reluciente que presta una atención grotesca a la ropa que viste, por la simple razón de que no quiere pasar por anticuado y empollón ante sus compañeros de juegos, pero al mismo tiempo es incapaz de resistir a las exhibiciones de un cuerpo original e indisciplinado.

Llevabas a menudo vaqueros, y encima camisetas de colores en verano, camisas con dibujos geométricos en invierno. Cuando se te pedía que aparecieras en público, tampoco en ese caso te asimilabas completamente a los jóvenes burgueses que despreciabas, sino que te ponías una corbata alegre y una chaqueta de piel que te daba un aire entre intelectual desenfadado y arrabalero que quiere hacerse pasar por enrollado. Nunca te he visto con zapatos de ante con suela de goma. A menudo llevabas unos botines tipo gaucho, que no sé dónde comprabas, pero eran de hechura italiana, cómodos para tus paseos nocturnos.

¿Éramos felices en aquellos días marinos que precedieron un poco a tu muerte? La felicidad se descubre siempre después, cuando ha pasado. Forma parte de los enseres de la nostalgia, evidentemente.

Una cosa que no conocía es el relato de cómo empezaste a escribir poesías.

«Vivía en Sacile. Iba a segundo de primaria y mi madre, quién sabe por qué, tuvo la idea de escribirme un soneto, para un recuerdo, naturalmente... Por primera vez, a través de ese soneto, que mi madre escribió para mí, vi que la poesía era algo factual, artesanal. De niño aprendía poesías en el colegio, por supuesto, pero me parecían unos productos ontológicos, estelares, nacidos y perfectos al mismo tiempo. En cambio, vi a través de mi madre que el fenómeno nace existencial, física, material, técnicamente. Pues bien, eso fue lo que me hizo pensar en escribir versos también yo. Entonces escribí. Y claro, eran unos versos tradicionalistas; era yo un poeta "académico" a mis siete años. Y, en efecto, adoptaba la lección petrarquista como canon estilístico; en lugar de decir *usignolo* decía yo *rosignuolo*, en lugar de *verdura*, decía yo *verzura*. Empecé inconscientemente a mis siete años en el corazón de la tradición humanista.»

Por lo tanto, no solo te ha introducido en el mundo, tu madre Susana, a través de su vientre, sino que te ha hecho entrar en el mágico territorio de la poesía a través de su preciosa voz materna. La poesía como carnalidad, fiesta de los sentidos. Me has hecho recordar una hermosa definición de Roland Barthes: «Escribir es como jugar con el cuerpo de la madre». Para él el cuerpo de la madre era sencillamente el cuerpo de la lengua materna. Pero para ti se convierte en una metáfora más a propósito que nunca.

Tú unes el perfume de las prímulas en el momento en el que sientes nacer la primavera «en que el aire es gélido pero el sol ya es caliente y ya están los ribazos un poco quemados por la tibieza del sol», al perfume del abrigo de piel materno, «el pobre abrigo de piel de mi madre, porque éramos una familia pequeñoburguesa». Son olores que, como tú mismo sugieres refiriéndote a Proust y a su madalena, han marcado tu vida.

Es inútil repetir que el término pequeñoburgués era para ti el mal absoluto. Más que la aristocracia, ya perdedora y en vías de extinción, más que la potencia industrial, que te era naturalmente enemiga pero que considerabas lejana y desconocida, el pequeñoburgués, que señalabas como la sangre que corre en las venas del país, te resultaba odioso y lo considerabas despreciable.

Precisamente porque, como te sugería el pobre abrigo de piel de tu madre, manifestaba a cada paso su «quiero pero no puedo». Para ti representaba la exhibida imitación, grotesca y vulgar, de los usos de la clase privilegiada. Atribuías al pequeñoburgués una vileza servil y una hipocresía que te resultaban especialmente insoportables y odiosas.

Para ti, los pequeñoburgueses carecían completamente de sentido cívico. Y cuentas cómo, haciendo un test para sacarte el carnet de conducir, el médico, poco después del coloquio, te dijo que no solo estabas dotado de sentido cívico, sino que tu sentido cívico era excesivo.

«Entonces, evidentemente, el sentido cívico que está en la base de este interés mío por los pobres, nace, hunde sus raíces profundamente dentro de mí en las complicaciones, en el cofre más complicado de mi personalidad; por lo tanto, quién sabe a través de qué procesos ambiguos nació.»

Y luego añades, con una generosidad que se presenta como sinceridad casi autodestructiva, que la característica principal de tu psicología «nace de una forma de narcisismo, es decir, de un cierto amor por mí mismo, que, en definitiva, se origina en los complejos de inferioridad, de culpabilidad, etcétera de siempre. Por lo tanto, mi ambigüedad, que antes mencionaba, probablemente nazca de ahí, es decir, de esta transformación de mi narcisismo en formas sublimadas de proyección hacia el próximo».

Aquí Freud se quitaría el sombrero: que el narcisismo y el sentido de culpa hacia el excesivo amor por uno mismo lleven, a causa de los sentidos de culpabilidad, a una superabundancia de atención hacia el otro parece una puntualización de comecocos más que de un poeta vinculado a los olores de su infancia.

Igual de interesante es tu explicación de por qué te pusiste a escribir versos en dialecto. ¿Era un ejercicio de filólogo? ¿Se trataba de una mimesis social? ¿O de una relectura del mundo popular?

Tú explicas, con tu acostumbrada sinceridad libre de prejuicios, que no era el interés hacia el pueblo lo que te había empujado a elegir el dialecto. «Yo he usado el dialecto friulano por razones puramente estéticas, prescindiendo completamente de sus hablantes».

Pero al mismo tiempo no querías que se te acusara de esteticismo. Y entonces lo explicas mejor: «Yo tenía dieciséis, diecisiete años en el corazón del fascismo; había empezado a escribir –siempre en ese plano, petrarquista, monolingüe– hasta precisamente los dieciséis, diecisiete años. Fue entonces cuando hice una lectura fundamental, o mejor, un poco antes, a los catorce años, leí a Dostoyevski y a Shakespeare, pero hacia los diecisiete hice una lectura fundamental en el bachillerato, que fue la de Rimbaud, la de los simbolistas franceses y *El sentimiento del tiempo* de Ungaretti. Esta lectura traumática, que es un nudo de mi vida, tuvo dos funciones distintas y en un cierto sentido contradictorias. Primero, me hizo volverme antifascista. La lectura de Rimbaud y de la poesía simbolista, y de la poesía del decadentismo, hizo que mecánica, automáticamente, tomara conciencia de que yo era un antifascista y, por lo tanto, diría que tuvo en mí una función política positiva».

Es curioso que fuera Rimbaud, el menos político de los poetas franceses, quien te hiciera volverte antifascista. Claro que se te parecía no poco por lo que atañe a elecciones de vida y a sentido de lo trágico. Tú mismo dices, sin embargo, que hay una contradicción entre tu amor por el gran poeta simbolista y tu necesidad de meter las narices en la realidad, manchándote las manos, como diría Sartre. Y citas a Valéry, citado a su vez por Jakobson, con la frase *«le poème est une hésitation prolongée entre le son et le sens»*. Los simbolistas, en efecto, consideraban que la poesía tenía una lengua propia, «una lengua no decorativa ni referencial, sino la conciencia misma del lenguaje poético».

Y admitías que estas teorías literarias sobre la poesía, que se pueden encontrar sobre todo en Jakobson, después de haber pasado a través de las puntualizaciones de los formalistas rusos, que afirmaban un «carácter absoluto y una pureza de la poesía que no tenía nada de política», te fascinaban y las hacías tuyas. Pero al mismo tiempo, como luego afirmó Alberto hablando de ti, eras un poeta muy calado «en las aguas de la realidad social de tu tiempo». Entre la poesía hermética de tu época y los nuevos poetas tipo Alfonso Gatto o Sandro Penna, titubeabas, adoptabas una línea ondulatoria.

Es bellísima la narración de la palabra *«rosada»* que escuchabas de la voz de tu madre cuando resonaba en el patio de tu casa. Y fue, en tu opinión, «como la manzana que cae en la cabeza del científico». El día siguiente, afirmas, escribiste tu primera poesía centrada en la palabra *«rosada»* que en dialecto friulano quiere decir rocío. Tenías apenas siete años.

En tus poesías ya de adulto, encuentro de nuevo las prímulas, el abrigo de piel de tu madre que podemos imaginar ahora opaco y también un poco despeluchado. Están los herméticos como Montale, Ungaretti y Dino Campana, que te fascinaban con sus versos, pero está también la guerra, está el nazismo, combatido y derrotado día tras día por los aliados, en nombre de nuevas libertades y nuevos derechos que te calentaban el corazón. Está el Partido Comunista que un poco te seducía, un poco te indisponía.

No se puede olvidar que la poesía hermética nace de la necesidad de rehuir de una dictadura totalizadora, que se cebaba en las palabras y en los pensamientos. Tú, una vez, me citaste a Francesco Flora, ¿te acuerdas? Te gustaba cómo había recordado que la palabra hermetismo deriva de Hermes, el dios de las ciencias ocultas y misteriosas, y era una poesía que se pretendía oscura, cerrada, difícil de interpretar precisamente porque había nacido en tiempos de fascismo y de censura.

Alberto, que siempre te apreció y defendió, gritó el día de tu funeral palabras apasionadas, definiéndote un «gran poeta civil». Poeta comprometido, pero sin retóricas patrióticas, lejos de los códigos tradicionales de la poesía oficial tipo Carducci que sin duda tú no amabas.

En efecto, hablando de tu poesía, sacas a colación la guerra, y la resistencia, y el caso de tu hermano Guido que fue asesinado mientras combatía contra los nazis. De Guido dices: «Mi hermano, que prestaba servicio militar, se echó al monte con los partisanos y murió combatiendo por la Resistencia. Yo trabajé para la Resistencia con mil riesgos, es decir, exponiéndome cada día a que me capturaran y ahorcaran en el litoral adriático».

Y aun así confiesas que no habías leído un solo libro de Marx. Lo harás después, cuando te hayas construido una conciencia política. «Era sencillamente antifascista.» Solo más tarde descubrirás a Marx y, sobre todo, a Gramsci. Y te fascinará a tal punto que a un libro tuyo de versos le pondrás como título *Las cenizas de Gramsci.*

> El escándalo del contradecirme, del estar
> contigo y contra ti; contigo en la luz,
> contra ti en las oscuras entrañas.

A mi traidor y paterno estado
–en el pensamiento, en una sombra
de acción– me he unido con el calor

de los instintos, de la pasión estética,
atraído por la violencia proletaria
anterior a ti. Para mí

es religión su alegría, no su lucha
milenaria; su naturaleza, no su conciencia.
Es la fuerza original del hombre,

perdida en el acto.[1]

Releyendo ahora tus primeras líricas de las *Cenizas*, me doy cuenta de que eres muy cercano a tu amado Rimbaud, en ese amargo quererse y en ese mismo odiarse y desear hacerse daño. Pero encuentro, siguiendo con la lectura, también algo de Pascoli. Y no es una casualidad que fueras tú quien me lo hiciera amar.

Recuerdo cómo me lo habían propuesto en el colegio, melifluo y llorica, y cómo lo desdeñé. Luego, en uno de nuestros largos trayectos africanos, tú me recitaste de memoria algunos versos de Pascoli y los comentaste con una tal dulzura fraterna, que me quedé arrobada.

De los cálices abiertos exhala
perfume de fresas rojas.
Brilla una luz en la sala.
Brota la hierba en las fosas.
Susurra una tardía abeja
tomadas están las celdas.
La gallina en el patio azulea
corre con su piar de estrellas.
Toda la noche exhala
el olor que pasa con el viento.

1. *Las cenizas de Gramsci*, pp. 84-85.

Sube la luz por la escala
brilla arriba en la planta: se apaga.[1]

Ese olor de fresas rojas toca los sentidos mientras la mirada distraída sigue una luz que se enciende en el fondo de las escaleras. La luz sube, se la ve brillar en el primer piso, pero inmediatamente después se apaga, mientras la gallina deja oír su «piar de estrellas».

En la tranquilidad del patio de campo se esconde un delito atroz, me contabas con tu voz soñadora:

–¿Dónde va esa luz y por qué se apaga de repente? ¿No te parece estar viendo una película de Hitchcock?

1. *Dai calici aperti si esala / l'odore di fragole rosse. / Splende un lume là nella sala. / Nasce l'erba sopra le fosse. / Un'ape tardiva sussurra / trovando già prese le celle. / La chioccetta per l'aia azzurra / va col suo pigolio di stelle. / Per tutta la notte s'esale / l'odore che passa col vento: / Passa il lume su per la scala / brilla al primo piano: s'è spento.*

Querido Pier Paolo:

cuando pienso en ti me vuelve a la cabeza siempre África, porque es allí donde nos conocimos mejor, y allí aprendí a convivir contigo. Nuestros largos viajes por Sudán, Kenia, Mali, Nigeria, Ghana, Tanzania, el Congo, eran una forma de coexistencia estrecha. Nunca solos, pero unidos por una cercanía física durante horas y horas, caminando lado a lado, comiendo sentados en una piedra en pleno desierto, o dentro de tascas miserables, ante un vaso de cerveza china. Con nosotros siempre estuvo Alberto, a menudo Ninetto, alguna vez tu equipo de rodaje, una vez Maria Callas.

Me sorprendo, al pensarlo, de que Laura Betti, que te seguía por doquier, no haya venido nunca con nosotros de viaje. ¿Eras tú el que no la querías o era ella la que se sustraía? Desde luego, tú tenías una extraña relación con ella. De vez en cuando le dirigías una palabra afectuosa. Pero normalmente eras bastante severo. Una vez recuerdo que, delante de mí, la llamaste de broma: «pequeña niña muerta». Estabas enfadado con ella porque se había entrometido en tu relación con Jean-Luc Godard, montándole un número, acusándolo de haber hablado mal de tu *Edipo* en los periódicos franceses. Tuviste que escribir una carta de excusas a Godard, quien a su vez te contestó, pero no hablando de Laura, sino de Ninetto denominándolo «un espíritu gozoso» que se presenta al baile de disfraces de la historia, persiguiendo a Marx, Freud y Totò.

Laura no se ofendió por tu reproche. Laura no buscaba una relación contigo, sencillamente te quería poseer, devorar y engullir como se hace con una comida exquisita que solo al tragártela puede darte algo de sí misma. ¿Un amor un poco caníbal, que te satisfacía, pero al mismo tiempo te inquietaba?

Estoy segura de que Laura te quería mucho, pero pretendía dirigir y regular tu vida, no en sentido intelectual o moral, sino en sentido práctico: qué camisas comprar, qué comidas preferir, qué doctores consultar para tu úlcera, qué lugares frecuentar, qué amigos tratar, etc. Y tú, extrañamente, la soportabas. Le encomendabas algunas tareas prácticas y la elogiabas por sus elecciones. Pero luego a menudo te irritabas por su ignorancia literaria, por su desenvoltura lingüística, por su carácter agresivo y apasionado. Al fin y al cabo, pienso que también ella era una de tus madres sustitutas.

«Hace tiempo que siento, cada vez más fuerte, la añoranza del seno materno», escribes en *Propósitos de ligereza*,

> en el que estar solo, dentro de él, sin mestizos de nombre Lorenzo
> ni otros compromisos sociales: sin el fango
> de la estación de las lluvias.[1]

No conseguías salir de aquel vientre, el único lugar seguro, sosegado, sereno, de tu existencia. Como por un destino adverso, tu propio vientre te traicionó con una úlcera perforante. También yo, aquella vez que te desmayaste en el restaurante, me convertí durante media hora en una madre amorosa que te acogía entre sus brazos.

El vientre materno quizá es el verdadero paraíso del que nos ha echado nuestro anhelo de conocimiento y de libertad. ¿No es así? ¿No es verdad que solo saliendo de ese paraíso encontramos la fatiga, la pena, la muerte? Maldito sea el deseo de conocimiento, dice nuestra religión. Si queremos seguir siendo felices, deberíamos cerrar los ojos, taparnos las orejas y la boca; si no queremos sufrir, deberíamos permanecer acurrucados y solitarios en ese nido de paz y felicidad.

Yo intentaba llevarme bien con Laura, porque te quería y tus amigos eran también mis amigos, pero no me gustaba su prepo-

1. *Trashumanar y organizar*, p. 67.

tencia. Ha hablado al respecto, con mucha ironía, Emanuele Trevi en su libro *Algo escrito*, contando de cuando trabajó para Laura en el Fondo Pasolini donde generosamente ella conservaba y hacía restaurar tus películas. Yo la admiraba por eso, pero no me gustaba su lenguaje rabioso, ni cuando con pesada ironía, transformaba todos los masculinos en femeninos: «la filma, la pena, la libra», etcétera.

Pero Laura también tenía sus cualidades: era generosa, efectiva, expansiva, alegre y todo eso hacía que se le perdonaran sus defectos. Creo, de todas maneras, que fuiste tú el que no la quiso nunca con nosotros en nuestros viajes anuales. No habría sido una compañía fácil. No todos son capaces de adaptarse a las incomodidades, a los accidentes, a los imprevistos de viajes como los que hacíamos nosotros, fuera de los itinerarios turísticos.

¿Te acuerdas de cuántas veces dormimos en colchones tirados por los suelos, en barracas con el suelo que pululaba de cucarachas? ¿Y cuántas veces hemos tenido que vérnoslas con personas enfermas, mendigos que nos agobiaban con peticiones de dinero, ladrones y embaucadores? Como aquella vez que nos robaron todas las maletas, ¿te acuerdas?

Un jovencito fingía meter en el maletero de un coche de alquiler nuestras bolsas de viaje, pero luego, en cuanto entramos en el coche, las sacó y se las pasó a un cómplice. Nosotros, distraídos, no nos dimos cuenta. Solo en el aeropuerto nos dimos cuenta de que faltaba todo, también tus preciosas cámaras. Ellos contaban con el hecho de que teníamos los billetes y nos marcharíamos. En cambio, volvimos atrás y nos sentamos en el *hall* del pequeño hotel diciendo que, si no aparecían las maletas, nos quedaríamos allí todo el día y también la noche.

El equipaje, milagrosamente, volvió a aparecer, aunque faltaba algo, y conseguimos marcharnos. A veces se necesita caradura y mucha determinación. Los africanos que encontrábamos entonces, en tiempos anteriores al fanatismo religioso que ha transformado África en un continente hostil, violento y rabioso, eran sonrientes, cordiales, grandes conversadores, pero dispuestos a engañarte en cuanto te dabas la vuelta. Nunca, de todas maneras, fueron verdaderamente agresivos y nunca nos sentimos en peligro. Hoy sería imposible viajar como hacíamos nosotros, a la aventura, parándonos en las aldeas más remotas y pobres, en zonas donde no habían visto un turista jamás.

¿Te acuerdas de aquella otra vez que llegamos a una aldea pequeña y semiescondida por un grupo de grandes mangos con las hojas que bailaban al viento?

Vimos que había una muchedumbre agolpada en torno a uno de esos grandes troncos y nos paramos, pero a distancia, para no molestar. Había en el aire una atmósfera de religiosa concentración. Nos acercamos y asistimos a una escena que no olvidaré nunca.

Sentado con la espalda apoyada al tronco del mango había un hombre muerto, pálido y rígido, completamente vestido, pero con los pies desnudos. A su lado estaba acurrucado un viejo, con la barba blanca que lo interrogaba.

–¿Has muerto por culpa de alguien? –le preguntaba.

Estas palabras nos las tradujo después el chófer, que conocía su dialecto. Una vez hecha la pregunta, el viejo tiraba ligeramente de una manga del cadáver y si este mecía la cabeza hacia un lado significaba que sí; si la mecía hacia el otro lado, significaba que no.

El interrogatorio siguió durante horas y nosotros nos quedamos allí, en silencio, asistiendo a ese grotesco guiñol, en parte macabro y al mismo tiempo cautivador.

Al muerto se le interrogaba, pero sus respuestas eran solo afirmativas o negativas, su cara blanca, con señales geométricas negras bajo los ojos y cerca de las orejas, caía ahora hacia un lado, ahora hacia el otro y parecía que contestara de verdad a las insistentes preguntas del viejo que me imagino era el santón del lugar.

La gente asistía hechizada, ni siquiera se habían dado cuenta de nuestra presencia o, de todas maneras, no la consideraban molesta, tanto más que nos cuidamos mucho de sacar la máquina fotográfica que a menudo provocaba reacciones de cólera. La muchedumbre seguía atentamente y con compungida atención la lúgubre escena y algunas veces murmuraba un comentario, pero sin estorbar nunca el diálogo con el pobre muerto.

Interrogar a un cadáver, qué importante sería, comentaste después, una vez de regreso al coche; piensa cuántos asesinatos se podrían descubrir, cuántos delitos sin castigo, cuántas porquerías de los servicios secretos desviados y conchabados con la mafia.

Y yo añado: si pudiéramos interrogarte a ti, podríamos saber por fin quién te mató, Pier Paolo. Pero para nosotros los muertos son silenciosos y ausentes, mientras que para los pueblos arcaicos que tú amabas, los difuntos hablan y revelan los pensamientos escondidos de los vivos. ¿Por qué, a este respecto, no volver a abrir tu sumario? ¿Por qué, y sin interrogar a los muertos, no profundizar, con los nuevos y sofisticados instrumentos tecnológicos de los que disponemos, el secreto de tu suplicio?

Yo intenté entender algo yendo a conocer a Pino Pelosi, *la Rana*, en la cárcel. Me encontré con un joven atemorizado, disponible, pero tenazmente encerrado en su secreto. Me confesó que, cuando supo que quería verle, tuvo miedo de que yo quisiera vengar tu asesinato y que fuera a verle para insultarle o incluso para darle un navajazo. Le expliqué que solo quería entender y se sintió seguro. Entre otras cosas, yo no soy una persona vengativa o agresiva y creo que lo entendió enseguida. Pero a pesar de la confianza y el tono amistoso, no supo decirme nada que no les hubiera dicho ya a los jueces. Según él, tú lo agrediste y él se defendió pegándote con un bastón. No quería matarte, no quería hacerte daño, solo alejar tu vehemencia.

Le dije honestamente que no le creía. Pier Paolo jamás había agredido a nadie, ni por deseos sexuales incontrolables, ni por celos o quién sabe por qué otro sentimiento malévolo. Y, de todas maneras, si lo hubieran agredido en un cuerpo a cuerpo, su agresor habría debido llevar encima los signos de la lucha, y, en cambio, en su ropa no se encontró ni siquiera una pequeña mancha de sangre. Pelosi sonreía con el aire de decir: ¿y tú qué sabes? Pero, aparentemente, se demostraba humilde, casi atemorizado. Hablaba de ti diciendo «tu amigo». Y repetía que lo habías amenazado, violado. E incluso que querías meterle un bastón en el cuerpo.

¿Y por qué, entonces, rebatí yo, no se defendió con ese bastón, visto que lo llevaba en la mano? Pelosi no tenía respuestas. Repetía sin parar las fórmulas aprendidas de memoria, de tu agresión y de su defensa.

Entendí que se había fijado graníticamente en la narración de un delito involuntario provocado por la necesidad de defenderse. Era su salvaguardia y no pensaba cambiar de versión. Le repetí que no le creía, que te conocía muy bien y que tú nunca usaste la violencia contra nadie. Al contrario, a menudo te ponías en la condición de ser agredido y golpeado. ¿Por qué no decirme la verdad? ¿Había otras personas con él? ¿Lo había mandado a alguien? ¿Quién te masacró?

No hubo respuestas, tan solo palabras tranquilizadoras: él sentía mucho lo que había hecho, jamás habría querido matar, y sobre todo a un gran poeta como tú.

En fin, era un pobre inocente y por la noche no dormía por el pensamiento de lo que involuntariamente había hecho.

Comprendí que no había nada que hacer. Y, puesto que me habían dado solo pocos minutos de visita, lo saludé y me fui.

Al pasar junto al dormitorio con la puerta abierta, me paré, impresionada por el orden meticuloso que reinaba. Su camastro bien hecho, con las mantas remetidas, la almohada ahuecada, limpia, en su sitio; la mesilla de noche muy ordenada, encima solo un vaso y un paquete de pañuelitos de papel; dos jerséis colgados de un cordel; un par de zapatos apoyados a un lado, bien limpiados y lustrados.

Probablemente ese orden y esa limpieza me estaban diciendo más de lo que Pino *la Rana* quería contarme. Un chico meticuloso en sus mentiras, atemorizado por el desorden interior y, por lo tanto, atento a mantener en orden todas las cosas a su alrededor, probablemente convencido de que el control de los objetos podía garantizarle el control de las palabras que había de decir y de los pensamientos que había de revelar, secretamente apartados de los que debía callar.

Sin duda, había aprendido a mentir con inteligencia y falso candor. Al escucharlo y mirar su cara limpia e infantil, uno se sentía llevado a creerle. En efecto, en ese momento, casi le creí. No con respecto a lo que contaba sobre la agresión y la defensa, sino en lo tocante al arrepentimiento y que lo lamentaba.

Cuando, más tarde, su abogado me pidió que escribiera un breve epílogo a su librito de memorias, acepté, porque pensé que tú lo habrías hecho. Tu indulgencia iba más allá de cualquier deseo de venganza o de castigo. Quizá, aunque fuera por algún puñado de horas, creíste a ese chiquillo con la cara inocente. Intentaste seducirlo, a tu manera, con la dulzura que te era propia, volviéndote niño e invitándolo a jugar contigo.

A partir de ese momento está la oscuridad. Ahora sabemos, después de tantos años, que no fue Pino quien se ensañó contigo. Lo confesó él mismo, pero no dijo todo lo demás. ¿Quién estaba allí aquella noche? ¿Quién descargó los golpes mortales? ¿Cuántos eran? ¿Por qué te querían muerto?

Querido Pier Paolo:

esta vez no estamos en África sino en Rumanía. ¿Te acuerdas de que la idea de aquella visita al centro de la eterna juventud se te ocurrió a ti mientras te preparabas para rodar tu *Edipo* precisamente en los bosques de Transilvania? Una vez que estemos allí para buscar los exteriores donde rodar, por qué no hacer una breve visita al Instituto de la doctora Aslan, para probar qué es ese fármaco del que se dicen maravillas, fue tu propuesta.

Tú le tenías horror a la vejez y la sentías ya en ciernes, aunque tenías apenas cincuenta años. Alberto, con su confianza en la ciencia, fue a informarse inmediatamente. Parece que es una cosa seria este fármaco, refirió. Por lo visto esta doctora ha descubierto las propiedades antienvejecimiento de esa sustancia. La ha reconocido también la Organización Mundial de la Salud, y esto os había tranquilizado. ¿Por qué no ir a probar esa magia?

Dicho y hecho, allá fuimos, como de costumbre hacia Navidades. Ninguno de nosotros quería quedarse en Italia durante los días del bullicio festivo: Navidades y Nochevieja los celebrábamos desde hacía años en el extranjero, entre las sabanas hirviendo del centro de África, o en India, o en Yemen, o en Afganistán. Pero aquel año, tú decidiste que, durante la búsqueda de los exteriores para tu *Edipo*, haríamos una inmersión en las aguas mágicas de la doctora de Bucarest.

Efectivamente, pasamos unos días en el Instituto de la eterna juventud. Recuerdo unos masajes muy agradables en ambientes de sauna. Recuerdo el olor punzante del azufre, y a nosotros merodeando por los pasillos arropados con las toallas de baño en medio de humos vaporosos.

Y al cabo de pocos días nos fuimos. De Bucarest nos dirigimos hacia el lago Bucura, ¿te acuerdas? Era todo bonito pero, aun así, no te convencía. Decías que Rumanía es un país demasiado moderno, demasiado industrializado, demasiado lanzado a la construcción de rascacielos y carreteras asfaltadas. Lamentabas que hubieran destruido las antiguas aldeas hechas de poéticas casas de madera con colores vivaces.

Desde las mesetas bajamos hasta el mar Negro, donde viajamos en una vieja embarcación a lo largo de las costas escarpadas y bellísimas. A mí me dio un flechazo, rápido e inesperado, por un marinero, algo que se me había olvidado completamente y que revivo ahora que me dedico a contar aquellos días felices.

No pudimos tocarnos con un dedo, Iohannis y yo. Era un joven delgado, con los brazos robustos, una cara resecada por el sol y el mar, dos ojos encendidos, de un verde que hacía pensar en la hierba fresca. Nos miramos y nos amamos, así, sin conocernos. Ni siquiera habríamos podido hablarnos porque para él existía solo el rumano. Fue una pequeña e intensa atracción hecha solo de miradas pícaras. En el viento que nos acariciaba, sentados en la proa de aquella enorme barca que despedía un fuerte olor a alquitrán, a sal, a cabos secados al sol, experimenté un extraño sentimiento de alegría sensual.

Es extraño cómo, a veces, nace en nosotros el deseo de un cuerpo desconocido y en aquel caso también prohibido por las circunstancias. Pero tú que tienes antenas, te diste cuenta y con una de tus sonrisas delicadas y secretas me hiciste sentir que eras cómplice. Con todo, fue un encuentro brevísimo, que duró solo pocas horas, hecho de café y azúcar fino, tanto es así que todavía hoy recuerdo el calor sensual, la fuerza explosiva aunque sublimada e, inmediatamente después, el dolor de la separación.

Me pareció entender entonces que tus amores eróticos debían de parecerse a aquella llamarada mía apagada nada más nacer.

Querido Pier Paolo:

otro sueño, extraño sueño, soñado de buena mañana, poco antes de despertar. Eras Pier Paolo, pero niño, y corrías detrás de una pelota, como hacías también de mayor, en cuanto podías. Llevabas unos calcetines blancos que resaltaban contra un terreno oscuro, rojizo. Las zapatillas de gimnasia azules, los pantalones cortos celestes, una camiseta lila. Yo estaba de pie en un caminito de piedras, te miraba y reflexionaba. Pero este niño, ¿cuándo lo he traído yo al mundo? Me preguntaba y experimentaba un orgullo materno imprevisto y casi doloroso por su fuerza amorosa.

Por una vez no tenía nada que decirte. No me sentía frustrada por no poderte dirigir la palabra. Estabas ahí, en una especie de hondonada de tierra seca y áspera, y corrías junto a un grupo de chiquillos como tú. Te observaba y sentía un tierno orgullo por la habilidad con la que empujabas la pelota con los pies, robándosela a otros pies infantiles. Siempre corriendo, la lanzabas hacia arriba con un toque del talón, la volvías a atrapar al vuelo con la cabeza y a continuación, con una patada veloz y ligera, la metías en la portería y una decena de chiquillos levantaba las manos en señal de victoria. Tú levantabas la cabeza y me mirabas como diciendo: ¿has visto lo que sé hacer? ¿Soy el mejor de todos?

Pensaba que pararías y te alcanzaría, pero el partido no se había acabado. Volvías a meterte en ese entrelazamiento de piernecitas infantiles, de esos pequeños cuerpos en movimiento y te echabas a correr, animado por una energía y una alegría de vivir que me llenaban de alborozo. Luego todo ha desaparecido como desaparecen los sueños, pero sin dolor, en una niebla de los sentidos. Un sueño alegre, que me ha recordado las muchas veces que te he visto jugar corriendo de aquí para allí por campos de fútbol improvisados. Y me ha hecho pensar en el hijo que perdí al séptimo mes y que me figuro se parecía a ese niño que corría por el campo de fútbol. Ya ves, escribiendo de ti, me he identificado en tu juego de los papeles. O madre e hijo, o hijo y madre. No había alternativas para tu visión de la relación entre los sexos.

Una noche, recuerdo que teníamos que ir a cenar, y Alberto se agitaba como de costumbre, porque siempre le entraban las prisas cuando llegaba la hora de las comidas. Estábamos en Senegal, si bien recuerdo. De repente, nos dimos cuenta de que tú no estabas.

–¿Dónde ha ido Pier Paolo? –empezó a preguntar a Alberto preocupado.

–No lo sé, intentemos buscarle.

Nos pusimos a buscarte en la zona boscosa a lo largo de la vereda que llevaba hacia el mar, en medio de los bananos. Caminamos un rato llamándote en voz alta. Pero no había respuesta. Era una zona silenciosa. Se oían solo las olas que se volcaban rabiosas en la playa.

Llegados cerca del agua, de repente, te divisamos a lo lejos. Justo como en el sueño, estabas jugando al fútbol en medio de un grupo de chiquillos. Los habías desafiado, nos contaste más tarde mientras cenábamos; ellos no tenían la menor intención de que un adulto se inmiscuyera en el juego, pero tú te apoderaste de la pelota y mostraste tu oficio. Fuiste tan convincente que te admitieron de buena gana entre ellos y así empezó el partido.

En mi sueño tú eras un niño en medio de otros niños. Llevabas las zapatillas de tenis y esos calcetines blancos enrollados en los tobillos que no sé por qué atraían mi atención, quizá porque parecían dispuestos a transformarse en dos alitas que con su revoloteo te harían volar.

Los otros iban descalzos y estaban cubiertos de andrajos. Los observaba admirada por los saltitos, las piruetas que hacían intentando arrancarte el balón de los pies. Pero tú, cuando jugabas, siempre eras seguro y determinado, no dejabas que te quitaran tan fácilmente la pelota. Tenías mucha habilidad para adelantártela un poco con la punta del pie para luego retomarla corriendo, poniéndole la zancadilla al vecino de turno. Se entendía, al observarte, que algo más fuerte que la pura pasión por el deporte te empujaba. Había una intensidad, un entusiasmo que hundían sus raíces en el placer carnal de una fusión erótica con el grupo.

Me pregunto de dónde y cuándo nacen las fuerzas de nuestro deseo sexual. ¿Por qué un chiquillo se enamora de otro chiquillo? Tú cuentas de manera conmovedora tu gran amor por el adorable Nisiuti cuando estabas en Friuli. «La visión de Nisiuti a mi lado me oprimía la garganta: un paso más hacia el goce total de su belleza que, casta, se extendía de las mejillas florecientes y pálidas al mechón que le caía con algo de desgano sobre la frente, de los ojos pardos ardientes de afecto al regazo de tela áspera y polvorienta de los pantalones, de los cabellos cortados en la nuca suave a la tibieza de sus manos que estrechaban las mías... y me habría sentido sin fuerzas. Luchaba contra aquella tentación que me quitaba la respiración.»[1]

El argumento de quienes condenan el amor homosexual suele consistir en decir que Dios o la Naturaleza han hecho al hombre para que se reprodujera. Si el cuerpo masculino dejara de unirse al cuerpo femenino, la especie dejaría de reproducirse y el ser humano se extinguiría.

Y esto quizá se pueda entender en momentos de vida difícil, cuando los niños morían como moscas y los grupos humanos se esforzaban por sobrevivir en un ambiente hostil y punitivo. Pero hoy, que somos ocho mil millones de seres humanos, dispuestos a consumir todas las riquezas de la tierra, a contaminar los mares, a hacernos la guerra por la disponibilidad de agua y de comida, diría que la actitud se puede cambiar. Es probable que sea la naturaleza misma la que aliente la homosexualidad, que disminuye el ritmo de crecimiento del hombre en la tierra.

1. *Amado mío*, p. 131.

Pero esta sería una explicación racional, de tendencia antropológica. Se me ocurre pensar que los gustos sexuales no pueden depender solo de las exigencias de la especie, sería demasiado sencillo. ¿No se podría plantear la hipótesis de que el amor por la persona del mismo sexo nace de una raíz profunda y espiritual de la búsqueda de sí en el otro? Yo creo que tú estarías de acuerdo, Pier Paolo.

Y en efecto, a menudo hablaste y escribiste al respecto, y una vez incluso de forma pedagógica dirigiéndote a un imaginario Gennariello.

Le contabas, de forma simple y directa, que la homofobia siempre ha sido provocada e impuesta por los regímenes totalitarios a causa de un miedo instintivo de un sentimiento asocial, pero de gran creatividad espiritual. No era una casualidad que los nazis consideraran la homosexualidad como uno de los pecados contra la nación y que mandaran a muchos millares de jóvenes homosexuales a las cámaras de gas. Para luego descubrirse que muchos militares, y muchísimos entre los SS, practicaban el amor entre personas del mismo sexo.

Tú teorizabas el hecho de que los seres humanos nacen bisexuales. Se ocupa después la cultura de establecer las funciones, los roles, las tareas de un sexo con respecto al otro. Sostenías, además, que los niños practican serenamente la homosexualidad, y esto no les impide volver a la heterosexualidad, casarse y tener hijos. El eros, cuando no es abuso o violación, explicabas, a menudo se identifica en las diversas edades de la pareja, con la pedagogía. «Sócrates era libertino», escribes, «de Lisis a Fedro, sus amores con muchachos jóvenes fueron innumerables. Es más, quien ama a los muchachos no puede sino amar a todos los muchachos (esta es, justamente, la razón de su vocación pedagógica).»[1]

Me pregunto cuánta de tu propensión a la atracción, como homosexual, por un chico hetero, entra en tus teorías sobre

1. *Escritos corsarios*, p. 244.

la homosexualidad. Tú gritas, Pier Paolo, y el razonar se te presenta pesado:

> ¡Soy un hombre libre! Cándido alimento
> de la libertad es el llanto; bien, pues, lloraré.
> Es el precio de mi «hacer lícito el capricho»,
>
> Desde luego, pero él vale todo lo que tengo.
> Sexo, muerte, pasión política
> son meros objetos a los que entrego
>
> mi corazón elegiaco... Mi vida
> no tiene más. Podría mañana,
> desnudo como un monje, abandonar la partida
>
> del mundo, ceder la victoria
> a los infames... Puedo asegurar que nada
> habría perdido el alma mía.[1]

Estás todo tú en estas palabras amargas, pero profundamente sinceras y llenas de gracia lingüística.

1. «La realidad», *Poesía en forma de Rosa*, pp. 41-42.

Querido Pier Paolo:

ayer, rebuscando en el cajón lleno de fotografías de nuestros viajes africanos, encontré una instantánea en la que estábamos Alberto, tú, Maria Callas y yo. La saqué y la contemplé largo y tendido, con la garganta tomada por una sensación de pérdida dolorosa.

Me pareció oír mi voz de niña curiosa que atormentaba a mi madre con preguntas agobiantes:

–¿Por qué pasa el tiempo, mamá? –le preguntaba–, ¿por qué tú envejeces y yo crezco?

La idea de que mi crecimiento la hiciera envejecer me entristecía. A tal punto que me proponía quedarme niña para no hacer que ella se acercara a la vejez. Intuía que la edad grave lleva la muerte y hoy lo sé con seguridad, porque veo perder elasticidad a mi piel y sé que me dirijo hacia ese adiós que tanto me entristeció en la separación definitiva de mi madre.

Las fotografías detienen ilusoriamente el tiempo que, en cambio, tiende a correr y a borrar brutalmente las memorias. Por eso amamos las fotos, pero al mismo tiempo las tememos porque nos traicionan sin cesar, regalándonos ilusiones aventuradas. El tiempo es como el universo que rueda, se expande, se precipita y nadie sabe hacia dónde y hacia qué. Cada día se descubren otras estrellas, nuevos universos, nuevas galaxias. Pero de dónde nace y por qué corre tanto y qué es el tiempo y por qué estamos en el mundo, nadie sabe decirlo. ¿El azar? ¿La voluntad de un Dios misterioso e inabordable? Todavía no somos capaces de explicarlo.

Tú, Pier Paolo, desde luego estabas obsesionado por el tiempo circular, como si el nacimiento, cada nacimiento, fuera un anuncio de muerte.

> Moriré sin haber conocido el profundo
> sentido de ser hombre, nacido para una sola
> vida, a quien nada de lo eterno corresponde.

Y luego sigues:

> [...] Dentro del vientre
> de las madres, nacen hijos ciegos
> –llenos de deseo de luz– deformes
>
> –llenos de alegres instintos,
> que atraviesan la vida en la oscuridad y la vergüenza.[1]

A pesar de estos pensamientos tuyos, fúnebres y apocalípticos, en la cotidianidad de nuestro viajar juntos había mucha afectuosa ternura. Tú estabas sinceramente enamorado de Maria. Se entendía por cómo la mirabas, cómo le hablabas, cómo le sonreías, cómo le sujetabas la mano al andar por las callejuelas llenas de agujeros, de piedras y de espinas.

Me viene a la memoria un cuento que me contaba mi madre cuando era pequeña: había una vez un rey que tenía tres hijas. El día que fueron mayores de edad, el rey les dijo a las hijas, salid a conocer el mundo, y volved cuando hayáis madurado. Las tres hijas se marcharon. La mayor tomó la carretera más ancha, más cómoda y previsible. La segunda tomó otra carretera que llevaba derecha a la ciudad, menos previsible pero igual de tranquilizadora y descontada. La menor, en cambio, pasó por alto las carreteras cómodas y se adentró por un camino de campo plagado de brechas y endrinos.

Con el tiempo, la mayor se perdió entre tiendas y tentaciones de moda. La segunda fue engullida por una ciudad que la

1. «La realidad», *Poesía en forma de Rosa*, pp. 45-46.

uniformó a todas las demás amas de casa infelices. La tercera, tras muchos esfuerzos y dificultades, encontró en el fondo de aquel camino, que se había abierto con su valentía y osadía, un precioso tesoro.

Pues bien, la hija más pequeña eras tú, que afrontabas como un san Miguel armado de espada el difícil camino del eros, para entender y experimentar las secretas contradicciones de vivir y morir.

Naturalmente, el tuyo por Maria era un amor platónico. Nunca te uniste carnalmente de verdad a ella, que yo sepa, ni considerabas su cuerpo una fuente de deseo. Pero el amor es misterioso y, desde luego, va más allá de las definiciones. Se instauró entre vosotros una relación de ternura, de admiración, de solidaridad y dulzura que yo percibía vivo y contagioso cuando estaba cerca de vosotros.

Maria habría querido estrechar el vínculo y hacerlo también carnal, pero no se atrevía a pedírtelo. Sabía perfectamente tus preferencias por el cuerpo masculino, pero en su corazón –y me lo confesó una noche que dormimos en el cuartucho de un hotel miserable en la campiña de Mali– pensaba, o mejor, confiaba, en alejarte de esos amores provisionales e infelices, para llevarte a un amor estable y feliz.

–¿No crees que Pier Paolo puede cambiar sus gustos? –me preguntó trémula.

Yo le contesté que todo era posible, pero que no pondría la mano en el fuego.

La gran Maria Callas, reverenciada, honrada, obsequiada en todos los lugares a los que íbamos, la diva invitada con insistencia a los palacios de los más variados jefes de tribu del África profunda, la pantera que yo había admirado en el escenario, a tu lado se volvía humilde, tímida como una quinceañera en su primer enamoramiento, y colgaba de tus labios.

Todavía recuerdo una noche cuando en el restaurante me dijiste:

–¿Sabes? Este año, con nosotros, vendrá a África también Maria Callas.

En ese momento pensé: ¡Jesús, quién sabe qué petarda! ¿Cómo viajaremos junto a una diva tan imponente? Estaba preocupada porque ya me la imaginaba caprichosa, pretendiendo grandes hoteles, habitaciones cómodas, en fin, preveía un viaje por las difíciles tierras africanas con Tosca o con Violetta, o peor aún, con Norma.

Cuando la vi salirnos al encuentro en el aeropuerto con los vaqueros desteñidos, una blusita blanca, el pelo recogido detrás de la nuca y una sonrisa amorosa que le iluminaba la cara, entendí que lo mío era pura prevención. Maria, en efecto, se demostró desde el primer momento una mujer ocurrente, amable, solidaria y tan enamorada de su Pier Paolo que perdía todo vicio de diva, la gran diva que era.

Nunca se quejó de las incomodidades del viaje, aunque aquella vez tú elegiste un itinerario menos descabellado y temerario que de costumbre.

En los primeros tiempos hubo grandes hoteles. Recuerdo todavía una vez que fui a llamarla para comer y la encontré en bata mientras escuchaba música con el oído casi pegado a una gran radio de madera de raíz, cerca de la ventana en la que revoloteaban los visillos de una ligera cortina blanca. Pensé que estaba escuchando una de las óperas que conocía de memoria y quizá se concentraba en una nueva voz de soprano. Y, en cambio, me sorprendí y también reí para mis adentros al descubrir que estaba escuchando a Alberto Rabagliati en una canción sentimental.

Luego, al adentrarnos en Mali, los hoteles de lujo desaparecieron y empezamos nuestras peregrinaciones en el Land Rover, que llevaba atados en el techo bidones de agua, bolsones de latas de carne, de judías, de melocotones en almíbar. Tuvimos que dormir en casuchas con habitaciones diminutas y sin aire acondicionado.

Una noche, te acuerdas, nos paramos en una aldea donde había una especie de alojamiento para viajantes de comercio y nos ofrecieron las dos únicas habitaciones que tenían. Maria esperaba dormir contigo dejándonos la otra habitación a Alberto y a mí. En cambio tú, con calma señorial, estableciste inmediatamente:

–Vosotras dos que sois mujeres dormís en un cuarto, en el otro dormiremos Alberto y yo.

De este modo me encontré encerrada en la habitación con una Maria desilusionada y nerviosa. Yo entendía su frustración y no sabía qué hacer. Cuando empezó a desnudarse veía que hacía extrañas acrobacias para no mostrarse semidesnuda. Y entonces salí del cuarto. Pero mientras estaba fuera, en la oscuridad, apoyada a la pared, percibí un extraño olor a salvajina. Luego distinguí una cola que asomaba por detrás de la esquina y poco después vi salir una hiena. Son animales malos, las hienas, parecidas a perros, pero peladas, tienen el culo más alto que la cabeza y caminan recelosas como si fueran ladrones nocturnos, para ir a rebuscar entre las basuras que se encuentran junto a las casas de los africanos. Su hocico tiene una mueca rabiosa y poco tranquilizadora.

Volví a entrar deprisa y corriendo. Vi que Maria estaba ya bajo las mantas y también yo me puse a desvestirme intentando darle siempre la espalda.

Luego, en la oscuridad, cada una en nuestra camita desvencijada, hablamos. Y ella se quejó de que se había equivocado en todo en la vida, porque le había dedicado demasiado tiempo a la música, y poco al amor, o, de todas maneras, al conocimiento del amor. Me confió que Onassis era un hombre prepotente y la había tratado con suficiencia, como rico dueño del mundo. Encontraba que tú, Pier Paolo, eras una maravilla de hombre: atento, amable, solícito, generoso. Se habría casado contigo de buena gana, aunque sabía de tus preferencias sexuales. Ahora bien, ¿se puede amar a una mujer sin desearla? Esta era su pregunta para la que yo no tenía una respuesta. Intenté razonar en voz alta: creo, Maria, que la sexualidad es ciega, animal, imprevisible y borrascosa, no soporta proyectos a largo plazo, responde al presente y no conoce el futuro, es exclusiva en el momento, pero luego se pierde en los engaños del tiempo. El afecto de la amistad, en cambio, es sosegado, profundo, seguro, duradero y puede convivir con otros afectos, no pretende la exclusividad y se acompaña casi siempre con el sentimiento de solidaridad y de estima.

–¿No crees, Maria?

Era una teorización mía, consoladora, de la superioridad de la amistad. Pero ella parecía tan arrobada por su sueño de amor que no quería hacerme caso. Para compensarla de su confianza, también yo le conté que estaba sorprendida de la duración de un amor, el mío por Alberto, que tenía que ver también con los sentidos, un amor por un hombre que, para mí, era padre, hijo y hermano. En fin, nos confiamos y ella se demostró de una humildad, de una afectuosidad conmovedoras.

Entendí entonces que en el interior de la diva con voz de trueno había una niña atemorizada y frágil, una niña cuyas raíces se prolongaban hasta el lejano y pobre Peloponeso, una niña que, a pesar del gran éxito internacional, no se fiaba de sí misma y de su glorioso lugar en el mundo.

No recuerdo si fue aquella noche cuando me contó de su miopía, de cómo antes de salir a la escena para cantar, iba a tocar, con el telón bajado, todos los objetos de escena para estar segura de poderse mover sin chocarse contra aristas inesperadas.

–¿No podías llevar gafas? –le objeté, como una tonta.

Y ella se echó a reír.

–¿Te parece que Tosca lleva gafas, o que Norma tiene un par de lentes en la nariz?

Me eché a reír yo también.

–¿Y qué pasó? –insistí porque había entendido que detrás de aquella historia había un episodio preciso. En efecto, me contó que una vez, sin avisarla, en el último momento, el escenógrafo ideó un pequeño lago artificial en medio de la escena. Ella salió con sus largas y pesadas faldas de reina egipcia y, no sabiendo nada del pequeño lago, se metió dentro con todo su traje de escena, que se empapó.

–Noté frío en los tobillos y me di cuenta de que estaba en el agua –dijo riéndose–, pero no podía echarme atrás, por eso hice como si nada y seguí cantando con el agua que me entraba en los coturnos y me calaba la ropa.

Se avergonzaba un poco de su miopía, pero había aprendido a convivir con ella. Me contó también que, en realidad, cuando estaba en escena, no veía al director de orquesta.

–¿Y cómo conseguías seguir la música?

–Iba a oído, y te puedo asegurar que nunca me he equivocado con una entrada.

Nos reímos mucho con aquellas historias y yo la conservo en la memoria como una noche dulcísima, en la cual dos mujeres, una famosísima diva y una joven enamorada de la escritura (y, en consecuencia, como explica Stendhal con inteligencia, muy espontáneamente enamorada de un escritor fascinante y genial) se encontraron como a veces les pasa a las mujeres, cuando consiguen superar las disparidades de las divisiones sociales y culturales.

Tú, Pier Paolo, de vez en cuando la regañabas cuando ella decía alguna obviedad, y suspirabas: «¡Mariaaaa!». Adoptabas un tono de dulce desaprobación y ella entendía inmediatamente que había metido la pata y pedía perdón, se azaraba por el apuro: sabía que estaba tratando con una persona culta y comprometida. A veces, de hecho, sin darse cuenta cómo, se le escapaban razonamientos de rica señora parisina que había aceptado venir a un país de primitivos incomprensibles solo por amor a un hombre que la hechizaba.

Querido Pier Paolo:

de Maria has escrito poco, y es una pena. Yo asistí a tu enamoramiento, del que tú mismo te asombrabas. Quizá por eso no escribiste nada: ¿acaso tus teorías sobre las elecciones homosexuales se habrían vuelto demasiado complicadas y contradictorias?

Con todo, sabías de otra amiga tuya muy querida, Elsa Morante, y de su enamoramiento, primero por Luchino Visconti, y luego por Bill Morrow quien, presa de sueños delirantes, se suicidó tirándose por la ventana. No sé si Bill tuvo una relación carnal con Elsa, pero sin duda la quiso, tanto que puso celoso a su compañero de toda una vida, tanto que la buscaba desesperadamente cuando ella escapaba, y tanto que le escribía cartas apasionadas.

Recuerdo que del amor de Elsa por Luchino Alberto me decía:

–Lo amó tanto que se puso a hablar con acento milanés como él.

Tanto Elsa como Maria estaban habitadas por ese candor infantil que te atraía como el azúcar atrae a la abeja.

En una bella y sincera carta a Maria, escribes: «Esta tarde, nada más acabar de trabajar, en esa senda de polvo rosa, he percibido en ti con mis antenas la misma angustia que tú ayer con tus antenas sentiste en mí. Una angustia ligera ligera, nada más que una sombra, pero invencible. Ayer en mí se trataba de un poco de neurosis: pero hoy en ti había una razón precisa (precisa hasta un cierto punto, naturalmente) que te oprimía, mientras el sol se iba. Era la sensación de no haber sido del todo dueña de ti misma, de tu cuerpo, de tu realidad, de haber sido "usada" (y, además, con la fatal brutalidad técnica que el cine implica) y, por lo tanto, de haber perdido en parte tu total libertad. Este encogimiento del corazón lo hallarás a menudo, durante nuestra obra, y lo sentiré yo también, contigo. Pero el cine está hecho así: hay que quebrar y hacer añicos una realidad entera para reconstruirla en su verdad sintética y absoluta, que la vuelve entonces más "entera" todavía».

¿Cómo definir mejor, con garbo y profundidad, la difícil relación con el cine?

> Y, sin embargo, ella, ella, la niña,
> basta con que se la descuide un solo instante
> para que se sienta perdida para siempre;
> ah, no sobre islas inmóviles
> sino sobre el terror de no ser, el viento sopla
> el viento divino
> que no cura sino que enferma cada vez más;
> y tú intentas detenerla, a aquella que quería volver atrás,
> no hay un día, ni un ahora, ni un instante
> en que el esfuerzo desesperado pueda cesar;
> te aferras a cualquier cosa
> y dan ganas de besarte.[1]

Pero ¿la besaste de verdad o rehuiste en el último momento ese contacto que te habría llevado a la difícil decisión de una relación completa con el siempre temido cuerpo femenino?

Poco conocida y poco citada, me viene a la cabeza otra poesía tuya que parece dirigida a Maria. La releo con conmoción. Hay una pasión dolorosa que reconozco como la esencia de tu carácter.

> Los sentidos amaron lo que amar no significaba sino
> olvidar y ocultar;
> todo se trasladó a ese viento;

1. «La presencia», *Trashumanar y organizar*, p. 203.

la necesidad de amor
se identificó en la dulzura inexplicable
y en la impotencia que daba el placer de ese viento
de procedencia desconocida, como sin meta;
parecía como si en el mundo nada más hubiera;
jamás habríamos reconocido que era un pretexto
su gracia fresca de un frescor desconocido
caprichosamente divino, establecido
desde siempre y para siempre por una triunfante certeza,
extendiéndose como un alma de mil vacilantes modos
hasta el fondo del Egeo;
jamás lo habríamos reconocido y no lo era;
toda la necesidad de ser otros
y expandirse con naturalidad
cuyo logro habría vencido a la misma muerte–
esa que ahora el viento, más que ninguna otra, significaba;
la rendición ante lo imposible;
el jaque infinito y miserable;
la degradante fatalidad;
todo se proyectaba en el viento que pasaba
como una gema que ni desposa ni desata
sobre aquellas islas desiertas.[1]

El amor se había encendido como un fuego inesperado, audaz y lleno de promesas, volaba con el viento pero, ante el abrazo definitivo, ese viento cesaba y tú te veías combatiendo con el jaque infinito de un cuerpo, el tuyo, que iba hacia otros cuerpos con rodillas raspadas, cabezas rizadas, vientre liso y la gana que encontraba su bien dentro de los pantalones rasgados.

Tú cuentas a menudo que ese deseo había nacido de un exceso de amor por tu madre. Pero luego, más tarde, en tu madurez, vuelves sobre esa idea y aventuras la hipótesis de que fue, al contrario, la atracción por un padre amadísimo en los primeros años de tu infancia la que marcó para siempre tu orientación sexual. Haberlo visto desnudo, haber fijado una mirada que ya

1. «Refundición», *Trashumanar y organizar*, p. 197.

no era inocente en aquel pene paterno que, de repente, se te presentaba como dotado de una vida propia, oscura y deseante, dices tú, te marcó en tu ser hombre.

Eros es un dios que nace del Caos, y, por lo tanto, del desorden, ciego y loco, dotado de una fuerza que no se puede domar. Pero, como dice Eurípides en *Ifigenia en Áulide*, hay dos tipos de pequeños muchachos, voraces y fuertes, dotados del arma capaz de encender los sentidos: el que dispara la flecha sin saber ni siquiera dónde llegará, hiriendo de forma caprichosa; y el que lanza el dardo sabiendo a qué y dónde dar, y su saeta irá acompañada por conciencia y medida.

Tú eras consciente de que existían dos tipos de flechas peligrosas, pero por mucho que tú contaras con una cabeza dotada de raciocinio y un corazón responsable, tu cuerpo te arrastraba siempre hacia la flecha envenenada del amor sagrado y loco, rápido y solitario de cuerpos de jovencitos recién florecidos al placer. Un amor sin amor, el amor sublime y enfermo de don Juan que lleva la cuenta de los cuerpos conquistados, sin detenerse jamás a conocer uno a fondo: *«E in Ispagna son già mille e tre»*, en España son ya mil tres.

Solo que don Juan estaba orgulloso de su delirio sexual y se vanagloriaba en un desafío orgulloso al sentido común, social y moral, de sus tiempos mojigatos. Mientras que tú te absolvías a duras penas de esos amores tiernos y nunca violentos, basados en el juego, pero a pesar de la ausencia de toda violación y de toda violencia, te reprochabas esos pequeños hurtos eróticos y te clavabas de manos y pies a la cruz para acallar tu sentimiento de culpa.

Querido Pier Paolo:

estamos siempre en África, esa África soñada, deseada, visitada, abrazada con tanta alegría, persiguiendo el sueño de un pueblo inocente y perdido. Un pueblo que, según tú, se podía encontrar solo en medio de aquellos desiertos aún intactos, entre aquellas sabanas, aquellas junglas donde, como de milagro, podríamos toparnos cara a cara con extraordinarios animales de los tiempos remotos ya casi completamente desaparecidos en nuestros días, capturados y sacrificados por el placer de la caza y del exterminio: leones, elefantes, gorilas, cocodrilos gigantes, por una vez libres y sin collares, cadenas, jaulas de zoo. Creo haber entendido solo en África qué significa la vida de los animales salvajes que se encaminan resignados y dulcísimos hacia una anunciada extinción.

Experimenté conmoción y un fuertísimo sentimiento de culpa al ver una fila de elefantes que cruzaban un río, unidos el uno al otro por la cola: una trompa, una cola, una trompa, otra cola. Y a los más pequeños los llevaban en el medio de la cadena para que estuvieran bien protegidos. Una sociedad perfectamente organizada, con la inteligencia osada y profunda de una antigua y bellísima relación con la Tierra.

¿Te acuerdas de cuando nos encontramos con un león tumbado y todo contraído y doblado sobre sí mismo que intentaba quitarse algo, me imagino una espina de una pata? Lo intentaba una y otra vez con los dientes, pero sin lograrlo. Me entraron inmediatamente ganas de bajar del coche para ayudarlo. Estaba cayendo, sin ni siquiera reparar en ello, en la fábula de Fedro, ¿la recuerdas? Androcles, esclavo escapado de su dueño, ayuda a un león a quitarse una espina que le impedía caminar. Pero Androcles es capturado y condenado a muerte por su fuga del estado de esclavitud.

Con brutalidad militar lo arrojan a la arena donde se daba en pasto a las fieras a los subversores de la ley romana. Androcles sabe que no tiene esperanzas y desea solo morir rápidamente. Y cuando ya se ve atacado y descuartizado, y se acurruca en una posición fetal, nota que le están tocando con delicadeza y, al abrir los ojos, se encuentra delante al león que él había ayudado, que le lame una mejilla con afecto.

De pequeña esta fábula me comunicaba una profunda emoción. No sé si son las fábulas las que nos ayudan a crear una conciencia o es la conciencia la que nos empuja a entrar en fábulas que cuentan la amistad entre el mundo humano y el mundo animal.

Alguien me llama animalista. Pues bien, ¿qué quiere decir animalista? «Animalismo es un término con el que se define la posición –y la correspondencia activa– de quien considera que hay que aumentar la tutela jurídica y ética de especies animales diferentes del hombre.» Una definición abstracta y de jurista. Yo no pienso en la tutela cuando veo a un animal en peligro o que está sufriendo. Solo tengo ganas de abrazarlo, aunque se trate de un cocodrilo.

A propósito de cocodrilos, ¿te acuerdas de aquella vez que asistimos a una cacería de aquel pobre animal? Los cazadores, todos ellos jovencísimos y semidesnudos, pretendían, además, que comiéramos con ellos filetes medio crudos de cocodrilo hechos a la brasa. Dije enseguida que yo no como carne, y ellos me miraron como si fuera una loca, la portadora de un pensamiento subversivo y contrario a toda tradición.

Con la amabilidad que te caracterizaba cuando te encontrabas en medio del pueblo de los inocentes, tú me dijiste que, para no ofenderlos, por lo menos tenía que probarla. Lo hice, y por poco no vomito, la carne de cocodrilo sabe a pescado y es grasienta y resbaladiza, repugnante.

Tú masticaste a conciencia y tragaste con paciencia aquel regalo. Pero ver a aquel pobre animal descuartizado y saber que había dejado unos pequeños que chillaban invocando a la madre en un agujero entre las rocas, me puso el corazón como una peonza.

–¿Por qué no hemos nacido todos herbívoros? –te pregunté, con un nudo en la garganta–. No por comer solo hierba crecemos menos robustos y enérgicos.

Tú sonreíste como solías hacer, con la boca cerrada, quizá más apesadumbrado que yo, porque en cada cuerpo ofendido y martirizado, te veías a ti mismo. Pero en ese momento sabías que estabas participando en un rito al que no podíamos sustraernos.

Otra vez, te acuerdas, mientras caminábamos a lo largo de una senda de tierra roja, nos alcanzó una rápida trápala y, de repente, vimos venir hacia nosotros un rebaño de jirafas. Una visión grandiosa, tiernísima y jamás experimentada. Más que el miedo nos embargó un estupor paralizante: habíamos caído dentro de un sueño fabuloso y no queríamos salir de él. Reducidos a ojos y sentidos, queríamos solo gozar de aquella maravilla, muchos cuerpos altos y suaves, muchos cuellos larguísimos, muchas cabezas cornudas contra un cielo límpido punteado de pequeños jirones de nubes azules.

Las jirafas danzantes casi se nos echaron encima pero no pensamos en escapar. Lo único que podíamos hacer era volvernos pequeños y quedarnos boquiabiertos observándolas. Eran ellas las dueñas del territorio, y nosotros los visitantes inoportunos.

Luego, de repente, nos vieron y se pararon, sorprendidas, como preguntándose qué hacer. Algunas se escondieron detrás de los árboles, pero en realidad ocultaban la cabeza, el cuerpo permanecía a la vista. Ante cada movimiento nuestro se asomaban virando un poco el larguísimo cuello a cuadros. Eran de una belleza tan perfecta que comunicaban una sensación de plenitud, como cuando nos encontramos ante los milagros de la naturaleza. Nunca había visto jirafas libres y creo que solo en aquel momento entendí qué quería decir volver atrás rápidamente en los siglos y perderse en una naturaleza lejana, íntegra, todavía no ofendida y manipulada por los predadores llamados *sapiens*.

Nosotros las mirábamos embrujados, pero ellas no. Ya habían aprendido el miedo hacia aquel ser con el cuello corto que mata todo lo que se le pone delante y se apropia de cualquier terreno inexplorado y cuando ve a un animal salvaje piensa inmediatamente en cómo arrancarle la piel para hacerse un abrigo invernal.

Ahora, Pier Paolo, desde que te has ido, todo ha cambiado, como puedes imaginarte. Desde la época en que nosotros vagábamos entre aquellos desiertos y aquellas selvas, se han quemado y destruido millares de hectáreas de bosque, se han construido reservas en las que las fieras salvajes ahora están reunidas y encerradas en recintos más o menos grandes, pero controladas como nunca lo habían estado antes. De vez en cuando, a cambio de cuantiosos pagos, dan permisos de caza a ricos señores que vienen a poner a prueba su presunta valentía.

Los africanos que cazaban para comer han entendido que se hacen más negocios reuniendo y aprisionando a los animales salvajes, y encomendándose al turismo. Han creado recintos, cercado enteros territorios con alambradas, construido hoteles hechos de graciosas casitas diseminadas en medio de los *marécages* y de las sabanas. Cuidando tan solo de mantener alejados a los animales menos agradables como las aves de presa que comen cadáveres, las serpientes mamba, las despeluchadas hienas con su risa inquietante.

Por la noche, en los jardines de los hoteles de lujo, se encienden los fuegos y después de una exquisita cena a la europea, se puede asistir a una danza africana. Guapas muchachas semidesnudas, con falditas de paja y pies descalzos, danzan con sentimiento al ritmo de los tambores batidos por jovencitos con el torso desnudo, el cuello adornado de collares hechos con dientes de león y pelos de elefante. Entre esos bailes para extranjeros, la realidad pone pies en polvorosa, mientras los turistas beben un gin tonic y organizadores astutos juegan a hacerse los primitivos mientras mandan el dinero a los bancos suizos.

El África que conocimos nosotros está muerta, Pier Paolo, el África que Karen Blixen cuenta con palabras como estas: «El aire en África tiene un significado desconocido en Europa, lleno de apariciones y espejismos, es en cierto sentido el verdadero escenario de todo acontecimiento», esa África ya no existe.

Querido Pier Paolo:

ahora que me he puesto a escribir sobre ti, vienes cada vez más a menudo a verme en sueños. Pero a veces solo tengo el tiempo de verte de lejos porque en cuanto intento hablarte, desapareces.

Quisiera cogerte del brazo, Pier Paolo, y preguntarte: oye, tú que corres siempre, ¿dónde vas?

Corrías también cuando estabas vivo. Pero más que con las piernas, con el pensamiento, con el deseo de cuerpos siempre más jóvenes, persiguiendo la sombra sensual de tu madre embarazada de ti.

Recuerdo una tarde en una pequeña aldea donde tuvimos que montar las tiendas de campaña porque no había ni un atisbo de camas a disposición. Nada de hoteles, ni misiones, ni refugios tugurio. Llegamos entrada la tarde, cansados y llenos de polvo tras unas diez horas de coche por carreteras que te remezclaban todo el cuerpo, subiéndote el estómago a la garganta y bajándote las rodillas a los pies.

Tú estabas nervioso e impaciente, no por llegar al acostumbrado hotelucho africano, sino por llamar a tu madre que, como todas las tardes, esperaba una llamada tuya. Empezaste a correr por todo el pueblo buscando un teléfono. Te dijeron que el lugar más cercano para comunicar con Italia estaba a cincuenta kilómetros de distancia en un pueblo mucho más grande y equipado.

No moviste ni una ceja. Decidiste inmediatamente echarte de nuevo a la carretera. Le pediste a Ahmed que volviera a poner en marcha el coche para hacer esos cincuenta kilómetros que te tenían alejado de tu madre. El chófer, de pésimo humor, se quejó, necesitaba descansar y también comer algo. Pero tú fuiste inflexible. Le prometiste un suplemento de paga y os marchasteis.

Cuando volvisteis al cabo de unas horas, yo ya estaba durmiendo. Me levanté para saber qué tal os había ido. Tú estabas contento de haber hablado con tu madre. Pero añadiste que Susanna te había confesado estar aquejada por un agudo dolor de cabeza. Y tú sentías que te estaba entrando un fuerte dolor de nuca. Nos saludamos para refugiarnos cada uno en nuestra tienda después de habernos deseado las buenas noches.

La mañana siguiente tú estabas abatido, tenías ojeras y la cara abotargada.

–¿Qué pasa Pier Paolo? –te pregunté alarmada.

Y tú me confesaste que no habías dormido por el dolor de cabeza que tu madre te había contagiado por teléfono.

Me habría gustado reírme de ello contigo: ¿existe un contagio telefónico? Pero tu cara estaba tan seria y preocupada que no me atreví a bromear. Toda manifestación de la relación con tu madre te tocaba tan profundamente que se tenía la impresión de herirte solo con mencionarla.

Durante todo el día aludiste a ese dolor de cabeza que te llegaba también a los ojos. De hecho, llevaste gafas oscuras hasta la noche, ¿te acuerdas?

También esta noche en mi sueño corrías. Escapabas. ¿Pero de qué? Tu actitud más común, en efecto, era la de la fuga. ¿Era el dolor que te esperaba en la esquina y que intentabas evitar?

«En principio era el Dolor», escribes en la bella poesía *En forma de rosa*.

> Suele decirse que a lo largo de la vida,
> se pierden muchas ocasiones: pero la Vida
> solo tiene UNA. Yo la he perdido.

Y luego sigues:

> voy constatando con los puños cerrados en el vientre
> mi falta de amor, hasta la última lágrima.

¿Por qué te ensañas contra ti mismo con tanta sincera cólera, Pier Paolo, entrando y saliendo del mundo que te fascinaba pero también te disgustaba?

> [...] Y yo andando hacia adelante
>
> ¿cuál era la razón? La verdadera.
> Solo, como un feto, como en las fuentes
> ideales de una vida, o una carrera...
>
> solo como un perro, mejor dicho, árido
> como paja seca, o como luz
> que a nada alumbra. No, no podía
>
> buscar atrás ahora las perdidas
> formas de la existencia. Estaba seguro
> de que allí permanecían cruelmente mudas
>
> mirando mi caminar.[1]

Pues sigue caminando, perseguido por las furias que no te perdonan haber amado demasiado a una madre, tanto que la convertiste en santa y reina, pero al mismo tiempo en botín de un niño que la adoró y encerró en la cárcel de su corazón.

1. «La persecución», *Poesía en forma de rosa*, p. 68.

Querido Pier Paolo:

esta noche he soñado que jugábamos. No sé cómo se llama el juego, ¿acaso tiene un nombre? Uno se pone de cara contra la pared y los otros detrás de él tienen que avanzar, pero sin ser vistos. Si los sorprenden moviéndose, tendrán que empezar desde el fondo otra vez.

Jugamos una sola vez, me parece que en Sabaudia, y nos divertimos mucho. Quién sabe por qué se me ha quedado grabado. La vez que jugamos de verdad había, sí o no, cinco o seis personas, mientras que esta noche éramos muchos.

He abierto los ojos de par en par en el sueño nebuloso y he descubierto que había muchos amigos nuestros y me he recreado el corazón, como dicen en Sicilia: *mi arricriai*. Hacía mucho tiempo que te veía siempre solo. Esta noche, en cambio, estaban las personas que frecuentábamos más a menudo, con las que íbamos al cine, con las que nos veíamos en la playa, con las que cenábamos por las noches en Roma, en Gigetto o en La campana.

Estaban allí como muchos colegiales en la pausa de las clases, dispuestos a involucrarse en el juego de la avanzada invisible. Se preparaban a dar dos pasos raudos en el tiempo que tardaba en darse la vuelta el que estaba de espaldas, para quedarse parados e inmóviles en cuanto levantara la mirada sobre el grupo que avanzaba.

En la pared, ¿sabes a quién he reconocido? A Cesare Garboli, que se reía cuando sorprendía a alguien en falta y lo echaba hacia atrás con un dedo levantado. Cesare el guapo, siempre enamorado y siempre cortejado. Tenía una novia en cada rincón del país, pero no se jactaba. Avanzaba en la noche con paso ligero y una inteligencia cortante y tozuda que lo distinguía en medio de los demás amigos.

Entre los más rápidos en dar el paso mientras Cesare estaba de espaldas, estaba Enzo Siciliano, el crítico de ojos dulces, como lo llamaba Alberto. Para escapar de las plagas de una Calabria fangosa y punitiva, había venido a Roma con una madre muy tierna y se había casado con Flaminia la larga, una guapa chica sabia con puntas de ironía bufa.

Poco detrás del astuto Enzo, estaba Bernardo Bertolucci, el jovencito de las mil dotes. Había empezado con un libro de poesías que tú habías elogiado y luego se pasó al cine. Y allí estalló su verdadero gran talento. Sus películas fascinaron al mundo entero. ¿Sabes que ha muerto hace poco? Estos últimos tiempos estaba prisionero de una silla de ruedas. A mí me parecía imposible, habiéndolo visto siempre con los pies sólidos, que echaban raíces en la tierra, una sonrisa afectuosa en los labios. Porque los amigos queridos se mueren haciéndonos sentir cada vez más solos.

A su lado, estaba Adriana Asti, la menuda, vitalísima actriz que ya actuaba con Visconti y todos admirábamos por sus maravillosas invenciones escénicas.

Un poco detrás, veo a Natalia Ginzburg, siempre lenta, pensativa, pero capaz de pensamientos profundos y geniales. Natalia parecía no tener nada que decir. Callaba mientras todos los invitados de sus cenas charlaban. Pero era la más atenta y la más sagaz en adivinar los humores, los enredos, los pensamientos de sus invitados. Cuando se nos hacían las tantas, sin embargo, se quedaba dormida en el sofá. Nosotros nos levantábamos para dejarla en paz. Pero ella, abriendo los dos ojos, nos rogaba que nos quedáramos. Os escucho, os escucho, decía y era verdad, aunque parecía profundamente dormida. A su lado, Gabriele Baldini, enamorado y dependiente de su amada, a pesar del carácter caprichoso y variable.

¿Y luego? ¿Quién más había? Yo veía que la multitud se ampliaba, pero los últimos estaban velados por una niebla dorada: nuestros amigos, los que veíamos más a menudo, daban dos pasos corriendo hacia delante, y Cesare no conseguía sorprenderlos moviéndose. Será Dario Bellezza esa sombra que se agita, me preguntaba. El poeta gruñón, pero qué generoso y agudo en sus poesías de protesta. No era para nada guapo como sugería su nombre, pero cultivaba su propia idea de fulgor, escondida y terrena, a través de un uso inventivo de las palabras.

Y luego me parece haber visto también a Mario Schifano, el joven soñador que, con tál de mantener unidos a sí mismo los sueños más hermosos, se entregó al cannabis antes y a la heroína después. Estaba y no estaba. Pero cuando estaba, se hacía notar por su espíritu, su vaporosa capacidad afectiva. Sus cuadros, además, eran y son bellísimos.

Quizá estaba también Goffredo Parise, y no era de los más cercanos, aunque a menudo se apuntaba a nuestras cenas. Parecía caer cada vez de una rama alta sin hacerse daño, dispuesto a bromear sobre las preocupaciones de los demás. Junto a él estaba Giosetta Fioroni, la mujer con la sonrisa conciliadora y el pensamiento de bordadora. Sus manos, cuando se ponen en movimiento, son extraordinarias para coser y bordar en la tela las imágenes delicadas de nuestros anhelos.

Seguían los hermanos Citti, aunque se alejaban de mala gana de Fiumicino donde tenían sus raíces y los veíamos raramente en nuestras cenas. Estaba Sebastian, el muchachote de Múnich que se había casado con una italiana y trabajaba la madera de forma maravillosa. Estaba Sandro Penna, el eterno niño, amigo de los perros. ¿Te acuerdas de cuando nos anunció todo contento que se estaba curando el resfriado aspirando el aliento de su *Macedone*? Era uno de los amigos más imprevisibles y necesarios. A veces nos recitábamos de memoria sus maravillosas poesías, ¿te acuerdas? «Encontrado he a mi angelito / en una equívoca platea. / Está fumando un cigarrito / y los ojos brillantes ladea.» O esta otra «Yo vivir quisiera adormecido / en el dulce rumor de la vida».[1]

1. *«Trovato ho il mio angioletto, fra una losca platea. / Fumava un sigaretto / e gli occhi lustri avea.»*

«Io vivere vorrei addormentato / entro il dolce rumore della vita.»

¿Te acuerdas de que después de haber cenado con nosotros, en vez de volverse a casa se iba de paseo por la ciudad? Era un poeta nocturno que no conducía el coche como tú, pero que se paraba en un café cerca de casa, a charlar con el camarero. Y cuando también el bar cerraba, se iba a una farmacia de turno abierta, a discurrir con el boticario.

Con él, algunas veces, había otro poeta, el jovencísimo Elio Pecora, serio, melancólico, con los ojos brillantes. Y el fotógrafo Lorenzo Cappellini, y el escenógrafo Dante Ferretti, y la deliciosa Andreola Pizzetti, y el indolente Gianni Barcelloni, y la bella e inteligente Mapi Maino, y Lorenzo Tornabuoni, el magnífico pintor que nos hizo conocer Sabaudia.

En la luz fosforescente, podía distinguir también el cuerpo glorioso de Federico Fellini, con su cara siempre dispuesta a la sonrisa, la voz infantil y la imaginación extraordinaria. Con él avanzaba con pasos felinos, Marcello Mastroianni, el actor genial que se pasaba los guiones por el forro para inventarse los diálogos de las películas, y junto a él, mira qué sorpresa, también Anna Magnani que se divertía hablando en dialecto romano tomándoles el pelo a los amigos, y luego, Giorgio Bassani, y Marco Bellocchio, y Niccolò Gallo: una multitud de amigos que se multiplicaban variopintos y huidizos dentro de la mirada inquieta y delirante de la noche.

El sueño ha durado poco y, aun así, me ha parecido larguísimo por los muchos amigos que he reconocido participando en el juego de los pasos secretos.

¿Eran días que debería añorar? No sé si éramos felices, Pier Paolo, pero desde luego vivíamos la amistad como una gracia lunar; el gusto de estar juntos sin un objetivo, lo que no sucede ahora que nos encontramos solo para hablar de nuestros libros en ocasiones públicas, como ferias, festivales, congresos. Entonces nos buscábamos por el puro placer de estar juntos, y nadie refunfuñaba, ni había rivalidades o rencores. Si los había, desaparecían en el momento del encuentro, del intercambio de ideas, en el relato que siempre afloraba de la voz profunda del grupo. Un grupo que se reconocía, se estimaba y solidarizaba.

Querido Pier Paolo:

de repente me ha venido a la cabeza una jornada flamante y en la que estuvimos juntos. Pero esta vez no estábamos en África sino en Roma. Hervían las protestas de los universitarios. Tú bailabas en el filo de la navaja de las pertenencias, con tu inquieta maestría. Tu mente lanzaba chispas: estabas del lado de la rebelión, pero al mismo tiempo sentías que tenías que exaltar y proteger a esa parte de la institución policial que en aquel momento se la tomaba con los estudiantes en protesta. Por una parte, la odiada burguesía con sus hijos ricos y privilegiados y, por la otra, el amado subproletariado que identificabas con los policías, porque, como escribiste en la poesía que salió en *L'Espresso* y que suscitó tantas polémicas,

> [...] los policías son hijos de pobres.
> Vienen de periferias: campesinas o urbanas, las que sean.
> En lo que a mí respecta, conozco muy bien
> su modo de haber sido niños y muchachos,
> las preciosas mil liras, el padre aún muchacho
> por causa de la miseria, que no confiere autoridad.

Mirabas aquellos cuerpos que se hacían la guerra y te enternecías. Pero tu simpatía no iba hacia aquellos jóvenes, parecidos a ti, que habían estudiado y soñaban con un mundo mejor, sino hacia esos otros que se visten

> [...] como payasos,
> con ese paño áspero que apesta a rancho,
> furriel y pueblo.

Y luego añades, para aclarar que no estabas en contra de esos ideales.

Claro que convenimos todos contra la institución policial.
Pero tomadla con la magistratura, ¡y ya veréis!
Los muchachos policías
que vosotros por sacro gamberrismo (de selecta tradición resurgimental)
de hijos de papá, habéis apaleado,
pertenecen a la otra clase social.

Aquellos estudiantes, cuyos ideales compartías, te parecían ya perdidos, por una culpa atávica, porque, como notabas con severidad:

Tenéis cara de hijos de papá.
De casta os viene.
Tenéis los mismos ojos malignos.
Sois miedosos, indecisos, desesperados
(¡muy bien!), pero también sabéis cómo ser
prepotentes, chantajistas y seguros:
prerrogativas pequeñoburguesas, amigos.

Recuerdo el escándalo que armaste con tu poesía tan sincera y apasionadamente contradictoria. Pero tenías razón en tu modo provocador: los estudiantes eran arrogantes y tenían la seguridad de los ángeles justicieros, mientras que los policías, mucho más modestamente, defendían su salario y su condición de cuerpo social dependiente y mal pagado.

Pero fue como arrojar una piedra en medio de la refriega. Te dijeron de todo. Yo estaba perpleja, lo sabes y te había avisado de que te estabas poniendo del lado de los que no tienen razón. Es difícil hilar fino en momentos de choque. Pero no hay duda de que tenías razón en tu observación con sabor sociológico. Son los pobres los que sufren los chantajes sociales, los que se tienen que integrar en instituciones colegiales y represivas: la policía, el ejército. Mientras que los estudiantes han tenido el privilegio de elegir el propio futuro y estudiar para llegar a convertirse en clase dirigente. Así es. Ni que decir tiene que era una provocación lanzar aquella piedra en aquel momento de entusiasmo colectivo. ¿De qué parte estás? Te preguntaron con cara de pocos amigos y tú te atrincheraste en la arcana gracia de las palabras. Tus expresiones tenían el peso del desafío y de la pasión civil.

Como aquella vez que escribiste en el *Corriere della Sera*, con una valentía leonina: «Yo sé. Pero no tengo pruebas». E insististe:

> Yo sé cómo se llaman los responsables de eso que ha dado en conocerse como «golpe» [...].
>
> Yo sé cómo se llaman los responsables de la masacre de Milán del 12 de diciembre de 1969.
>
> Yo sé cómo se llaman los responsables de las masacres de Brescia y de Bolonia de los primeros meses de 1974.
>
> Yo sé cómo se llaman los miembros de la «cúpula» que ha estado conspirando, tanto los viejos fascistas que han ideado los «golpes» como los neofascistas autores materiales de las primeras masacres e incluso de los «desconocidos» autores materiales de las masacres más recientes.[1]

Era como arrojarse desnudo en medio de una multitud armada. Y, de hecho, con aquellas palabras suscitaste odios y rencores que siguieron creciendo y madurando.

> Yo sé cómo se llaman las personas serias e importantes que están detrás de los trágicos muchachos que eligieron las suicidas atrocidades fascistas y de los delincuentes comunes, sicilianos o no, que se pusieron a su disposición como asesinos o sicarios.
>
> Yo sé cómo se llaman esas personas y sé cuáles son los hechos (atentados contra las instituciones y masacres) de los que son culpables.
>
> Yo sé. Pero no tengo pruebas. Ni siquiera tengo indicios.

1. *Escritos corsarios*, p. 113.

> Yo sé, porque soy un intelectual, un escritor, que procura estar al día de todo lo que ocurre, conocer todo lo que se escribe al respecto, imaginar todo lo que no se sabe o se calla; que relaciona hechos aislados, que conecta piezas desorganizadas y fragmentarias de un cuadro político coherente, que restablece la lógica donde en apariencia reinan la arbitrariedad, la locura y el misterio.[1]

Concluyes diciendo que el conocimiento de los hechos forma parte de tu oficio. Y aunque no tenías las pruebas, tenías que denunciar lo que el instinto y la capacidad profética del poeta te sabían sugerir.

Tu razonamiento quemaba: los periodistas, decías, saben lo que ocurre entre bastidores, pero nunca dicen los nombres. No por miedo, sino por rectitud de oficio: no se pueden dar nombres si no se tienen pruebas. ¿A quién, por lo tanto, tocaba dar a conocer esos nombres? «... Evidentemente, a alguien que no solo tenga el valor necesario para hacerlo, sino que, además, no esté comprometido a efectos prácticos con el poder y que, por definición, no tenga nada que perder: esto es, a un intelectual. Un intelectual podría muy bien dar a conocer esos nombres: sin embargo, no dispone ni de pruebas ni de indicios.»

Y acabas: «El poder y el mundo que, pese a no pertenecer al poder, mantiene con este relaciones de orden práctico han arrebatado –precisamente por el modo en que este último está constituido– a los intelectuales libres la posibilidad de acceder a pruebas e indicios».[2]

Y aquí entras en un discurso laberíntico: no existe solo el poder, tú dices, sino «también una oposición al poder. En Italia, esta oposición es tan amplia y fuerte que constituye un poder en sí misma».[3] Y de alguna manera tu opinión se parece a

1. Ibidem, pp. 114-115.
2. Ibidem, p. 115.
3. Ibidem, p. 116.

la de Sciascia cuando denuncia a los profesionales de la antimafia, ¿no es así?

¿Cómo salir de esta contradicción perversa? ¿De verdad crees que puede existir una oposición consciente y legítima que no tenga algo de poder?

Querido Pier Paolo:

los recuerdos saltan como saltamontes. Parecían cuerpos muertos y, en cambio, ahí están, vivos y en buen estado, agitándose para hacerse oír y ver.

Una fotografía. El Land Rover de siempre. Tú asomándote por la ventanilla con cara curiosa. Estábamos parados en medio de la sabana por una avería del coche, ¿te acuerdas? Parados en una pista de tierra roja, mientras estaba cayendo la noche. ¿Y ahora qué hacemos? Maria Callas dijo con voz alarmada: ¿no nos asaltará algún tigre? El chófer se echó a reír: no hay tigres por estas partes, solo bandidos y ellos no buscan carne humana sino dinero y oro. Lo dijo lanzando una mirada alusiva al reloj de oro que Maria llevaba en la muñeca.

En efecto, no era una buena perspectiva, la de pasar la noche en una carretera alejadísima de cualquier centro habitado, encerrados en un coche averiado y en medio de un paisaje de arena y fango, marcado solo por una pista torcida y algún árbol retorcido. Pero no te asustaste, Pier Paolo. Nunca te asustaba nada. Eras propenso a ver el aspecto mágico y poético de cada aventura. De hecho, miraste la luna y dijiste que se parecía a la luna que en Yemen se desposaba con el caballo blanco.

Alberto, con su energía activa, en cambio, pensaba ya en cómo encender un fuego para atraer la atención de alguien que pudiera ayudarnos.

Mientras discutíamos qué hacer, oímos el motor de un coche, ¿te acuerdas? Nos abalanzamos a la carretera. Avanzaba un maravilloso minivan Mercedes de desierto, color plata, levantando nubes de arena. A la vista de nuestro vehículo parado, se salió de la pista, dio un rodeo temerario en medio de las dunas y volvió a tomar el carril después de habernos sorteado con elegancia, sin tener en cuenta nuestras grandes señales de ayuda.

Ya habíamos perdido las esperanzas, cuando el coche se detuvo unos metros más adelante, salió un pequeño monseñor vestido de negro, con una gorra violeta en la cabeza que vino a grandes pasos hacia nosotros. ¡Qué alivio!

Con amabilidad nos explicó que nos había tomado por bandidos de carretera, que a veces paran a los coches para robarles. Pero luego se había dado cuenta de que éramos turistas y decidió ayudarnos. Tú no dijiste una palabra, dejaste que fuera Maria quien nos presentara. Contabas con su diplomacia, que en efecto surtió efecto. Porque el monseñor nos hizo sitio en su grande y hermoso Mercedes y nos llevó a la misión que distaba algunos kilómetros de allí.

En la sede religiosa había otros frailes esperando a su monseñor para sentarse a la mesa, ¿te acuerdas? Eran todos africanos, excepto un alemán que hablaba un poco de inglés. Tú tenías hambre, pero parecías un poco inquieto ante el puré de plátanos que se te ofrecía. Maria, en cambio, estaba eufórica. Estaba tan contenta de haber encontrado un refugio que estaba dispuesta a tragarse cualquier engrudo.

El monseñor, expeditivo y diligente, nos preguntó nombres y apellidos y las razones del viaje. Lo curioso, y tú lo comentaste con una sonrisa apenas esbozada, era que ni él que bien había vivido en Roma cinco años ni los demás frailes conocían los nombres de Moravia y Pasolini. Y ni siquiera, algo increíble, el de Callas que por doquier en África era reconocida y reverenciada. En compensación, mientras comíamos, salió que el amable monseñor conocía de memoria el nombre de todos los jugadores de la Roma, tu equipo preferido.

Por suerte, tú, que siempre frecuentaste el fútbol y conocías a los jugadores de los varios equipos, le echaste un pulso. Los demás frailes parecían cansados y con sueño, de hecho, nada más comer, desaparecieron. El monseñor, pequeño, negro y agilísimo en sus movimientos, nos mostró unos cuartitos con suelo de cemento y camas de hierro, donde dormiríamos. Había incluso un baño en el fondo de un pasillo con unos bidones de agua limpia de los que servirse.

La mañana siguiente, mientras sorbíamos un té oscuro y dulcísimo, nos pusimos a discutir cuánto dejar a la misión que tan amablemente nos había acogido, que había mandado un mecánico a arreglar el Land Rover y ahora nos daba también pan con mermelada.

Mientras discutíamos sobre la oportunidad de dejar cien dólares para darles las gracias por la noche, llegó una criada delgadísima, con una amplia falda roja y los pies descalzos, que nos entregó una nota escrita a mano.

En la notita, te acuerdas, ponía que por esa noche en la misión teníamos que pagar ochocientos dólares. Casi el precio de un gran hotel.

¿Qué podíamos hacer? Pagamos. El monseñor no apareció y nos fuimos un poco mortificados. Tú no te enfadaste, tan solo te escandalizaste, a tu manera, y te preguntaste cuánto pagaba aquel elegante monseñor con su anillo de oro en el dedo los servicios de la pobre criada con los pies descalzos.

Añado, por deber de justicia, y tú lo sabes, que hemos encontrado y conocido muchos otros monseñores y sacerdotes pobres, en muchas otras misiones, que llevaban a cabo con humildad y pasión su trabajo, que no pensaban en el dinero, que se entregaban con todo su ser a la tarea social y religiosa que se habían dado.

Querido Pier Paolo:

al releer tus poesías me doy cuenta de que el odio por la burguesía sube y baja como una comida mal digerida. Vuelve insistente en muchísimas poesías, aunque nunca tan explícitamente como en el *Sueño del centauro*.

«Alimento un odio visceral, profundo, irreductible contra la burguesía, su suficiencia, su vulgaridad, un odio mítico o, si prefiere, religioso.»

Ves, es ese religioso lo que me impresiona. ¿El odio puede ser religioso? El tuyo sería un sí, porque en tu lenguaje lleno de chispas cualquier canon se invierte y el espejo refleja el espejo que refleja el espejo. Una visión fantástica que aleja cada vez más la realidad del ojo que mira.

Habiéndome acercado a muchos poetas españoles del Siglo de Oro, para escribir un texto teatral sobre sor Juana Inés de la Cruz, he tenido la ocasión de meter la nariz en las letrillas y en los romances, además de las coplas, de Góngora. Y sabes que, mientras te leo, pienso que tenéis muchas cosas en común. Un cierto placer insistido en cultivar el artificio, un tono desenfadado y enigmático que alude a sabidurías lejanas, una tendencia a la sutileza cortante, pero al mismo tiempo teñida de oscuros presagios que era propia de don Luis, y tuya algunos siglos después. La extravagancia, el razonamiento tendencioso, la furia didascálica, la sátira cortante dulcificada por repentinas y extenuadas sensualidades verbales, se han convertido para ti en una marca poética precisa que te hacía hijo y hermano del gran poeta español.

También Góngora se consideraba un peregrino del pensamiento, un Orestes que huye de las furias y busca un

Dios justo que lo absuelva en nombre de la irrelevancia materna.

Tu relectura de la *Vida es sueño* hace pensar que también habías leído a Góngora, aunque nunca me lo citaste en tus muchas historias sobre los poetas, además de leer a tu amado Calderón de la Barca.

A la historia de Rosaura y Segismundo yo le tenía cariño, y la sentía cercana. ¿Qué debe considerarse realidad entre una cómoda vida de privilegios y una vida de reclusión en las mazmorras del palacio si ambas parecen verdades incontestables?

Tú escribiste un texto teatral complejo y decididamente barroco, en el cual, además de una realidad que va y viene según los sueños, insistes en el concepto de incesto. Rosaura, en tu *Calderón*, que está ambientado en España en los tiempos de Franco, propone una doble relación prohibida: la inconsciente de Rosaura con el padre Segismundo y la de Pablo con la madre Rosaura. Como en Edipo, ninguno de los dos es responsable del amor incestuoso del que están inflamados: Rosaura no sabe que Segismundo es su padre, y Pablo no sabe que Rosaura es su madre.

Amores hechos de artimañas, engaños, terribles ilusiones y terribles desilusiones. Pero aun así es amor, el que siempre vuelve en el texto, hacia una madre antes graciosa joven burguesa, luego hija de aristócratas y, por último, prostituta.

Estrella lo sabe todo y se ríe cuando su hermana Rosaura le dice que ama desesperadamente a Pablito, aun siendo el fruto de una violencia, de un estupro.

Pero ¿de dónde viene tanta ignorancia de su pasado?

La verdad se la cuenta un sacerdote: «Eras una niña, como suele decirse tontamente, cuando conociste a Segismundo, apodado El Hijo, que tenía veinte años, y acabó después en La Granátula, directamente desde el cuartel: y ahora está allí, con la cabeza afeitada y el cuerpo surcado por marcas y cicatrices. [...] En los barrios de chabolas, entre el barro y el polvo, bajo techumbres de chapa –entre paredes hechas de fondos de cajas viejas y arpilleras embreadas– nacen criaturas de una dulzura y una timidez propias de corderos o de palomas: realmente creo que tú eres una de esas criaturas. No es tuyo el mérito, pues dulzura y timidez son pasivas, en ti, te convierten en un cándido animal que no reacciona, y abandona su bondad en manos de esa nada que todo lo devora. [...] Has sufrido la violencia de un muchacho, sin odiarle. Has tenido un hijo y lo has perdido, sin protestar. Has llorado, en silencio, sin molestar a nadie».[1]

De este modo, en tu texto, Rosaura se entera de que se ha enamorado del propio hijo, nacido de un estupro. Al no querer aceptar la verdad, se inventa un sueño, la segunda vida, sugerida por Calderón.

Reflexionando y volviendo a leer tu versión se puede sospechar que en Rosaura hay rasgos de Susanna, tu madre. Y tú la has querido retratar de esa manera tierna: ingenua, pasiva, dócil y dolorosa. Tal y como la quisiste en la película sobre Jesús, filmándola a los pies del hijo, pequeña, generosa y sumida en llanto.

La criatura que te llevó en su seno y que al alumbrarte al mundo te ató con un vínculo de amor que nunca pasó y no pasará jamás porque se trata de un destino, como el que los Dioses echan encima a sus predilectos o a sus malditos. El destino se sufre, no se contrasta. Lo llevas a hombros toda la vida. Y, por supuesto, como sucede en los mitos antiguos, también después de la muerte del cuerpo, al transformar a la persona en una estrella brillante.

1. *Calderón*, episodio XI.

Querido Pier Paolo:

quisiera terminar estas cartas con un sueño feliz.

Estábamos en África, me parece que en el Congo. Tú llevabas un extraño sombrero que luego he reconocido como el sombrero que Sergio Citti llevaba en una película tuya, con las alas muy anchas, un extraño sombrero de peregrino medieval.

Estábamos en medio de una fiesta de pueblo, con jovencitos que tocaban el tambor, chicas que cantaban, un aire de alegría contagiosa. Las botellas de cerveza se amontonaban en el fondo de la pista de baile improvisada.

A mí, que siempre me ha gustado el baile, al oír ese ritmo desenfrenado, me han entrado unas grandes ganas de ponerme en movimiento. Te he preguntado si tenías ganas de mover el cuerpo cansado por el largo viaje. Tú has meneado la cabeza, no, mejor, has agitado el sombrero, la cabeza permanecía seria y parada en el cuello mientras el sombrero se balanceaba y se reía, sí, se reía como se ríen algunas veces los gatos sin enseñar los dientes, o como se ríen algunos muguetes que se abren después de la lluvia.

–Yo no sé bailar. Baila con mi Ninetto.

Me he dado la vuelta, pero en lugar de Ninetto, te he encontrado a ti, jovencísimo y alegre, con unas ganas evidentes de moverte a ese ritmo convulso y frenético. Me he sorprendido tanto que me he quedado ahí pasmada, pero tú me has cogido por una mano y hemos empezado a bailar.

Bailabas precisamente como sabía bailar Ninetto, con su agilidad juvenil y su extraordinario sentido del ritmo. Ya lo ves, ese baile con el chaval Pier Paolo ha sido una experiencia de una alegría radiante. Si cierro los ojos, aún puedo verme en ese giro de danza vertiginoso en el cual los dos volábamos. No había nada erótico en ese girar y saltar al ritmo de los tambores que, en la memoria, se me figura un momento de deliciosa espiritualidad. Era una victoria sobre tus sentimientos de culpabilidad, sobre tus rabias ideológicas, sobre tus melancolías de eterno hijo en fuga.

Aunque no eras tú el que volaba conmigo, eras al mismo tiempo aquel Pier Paolo jovencísimo que se medía con una mujer más adulta con la que había instaurado una relación de amistad. Y por una vez, no estabas preocupado, angustiado por el miedo de perderte a ti mismo en esa horrible metamorfosis que conlleva el paso del mundo campesino a una nueva civilización tecnológica, industrial, capitalista, que considerabas vulgar e intolerable.

En el mundo campesino que te era tan entrañable se bailaba, Pier Paolo. Se recogían alrededor de un músico y bailaban después de la cosecha, bailaban al principio de la vendimia, bailaban por la muerte ritual del cerdo, bailaban por el nacimiento de un niño o por el matrimonio de una joven pareja, e incluso por la muerte de un miembro importante de la comunidad.

Y así nosotros bailábamos, siguiendo el ritmo de los tambores con una alegría del movimiento por el movimiento. Los pies iban solos, taconeaban, giraban, saltaban, jugaban, nada habría podido pararlos, los brazos se levantaban hacia arriba, luego volvían a entrelazarse, las manos cabalgaban el aire, las cabezas giraban como peonzas y el viento hacía fluctuar nuestras camisas, mientras nuestros ojos se llenaban de alegría.

Me gusta acabar nuestro breve encuentro en los sueños de las muchas noches que han seguido a tu muerte con esta imagen feliz.

Adiós, Pier Paolo, y que la muerte te sea más benigna que la vida.

Con afecto,

Dacia

Bibliografía

Referencias bibliográficas de las traducciones de Pier Paolo Pasolini:

Pier Paolo Pasolini, *Amado mío*, trad. cast. de Jesús Pardo y Jorge Binaghi, Barcelona: Seix Barral, 2014.

—, *Calderón*, trad. cast. de Carla Matteini, Barcelona: Icaria, 1987.

—, *Escritos corsarios*, trad. cast. de David Paradela López, Barcelona: Galaxia Gutenberg, 2022.

—, *La religión de mi tiempo*, trad. cast. de Martín López-Vega.

—, *Las cenizas de Gramsci*, trad. cast. de Antonio Colinas, Madrid: Visor, 1975.

—, *Poesía en forma de rosa,* trad. cast. de Juan Antonio Méndez, Madrid: Visor, 2002.

—, *Trashumanar y organizar*, trad. cast. de Ángel Sánchez-Gijón, Madrid: Visor, 1981.

VV. AA., *Pier Paolo Pasolini, palabra de corsario*, Madrid: Círculo de Bellas Artes, 2005.